Natalia Escolà Amaro

Spanisch üben
Lesen & Schreiben A1

Hueber Verlag

Der Verlag weist ausdrücklich darauf hin, dass im Text enthaltene externe Links vom Verlag nur bis zum Zeitpunkt der Buchveröffentlichung eingesehen werden konnten. Auf spätere Veränderungen hat der Verlag keinerlei Einfluss. Eine Haftung des Verlags ist daher ausgeschlossen.

Eingetragene Warenzeichen oder Marken sind Eigentum des jeweiligen Zeichen- bzw. Markeninhabers, auch dann, wenn diese nicht gekennzeichnet sind. Es ist jedoch zu beachten, dass weder das Vorhandensein noch das Fehlen derartiger Kennzeichnungen die Rechtslage hinsichtlich dieser gewerblichen Schutzrechte berührt.

3. 2. 1. | Die letzten Ziffern
2024 23 22 21 20 | bezeichnen Zahl und Jahr des Druckes.
Alle Drucke dieser Auflage können, da unverändert, nebeneinander benutzt werden.
1. Auflage

Umschlaggestaltung: Sieveking · Agentur für Kommunikation, München
Layout und Satz: Sieveking · Agentur für Kommunikation, München
Verlagsredaktion: Jürgen Frank, Hueber Verlag, München
Druck und Bindung: Firmengruppe APPL, aprinta druck GmbH, Wemding
Printed in Germany
ISBN 978-3-19-087909-0

Art. 530_26907_001_01

Inhaltsverzeichnis

Seite

D Comer y beber

E Mi día a día

F Mi casa

Vorwort

Liebe Lernerinnen, liebe Lerner,

Spanisch üben Lesen & Schreiben A1 ist ein Übungsbuch für Anfänger mit geringen Vorkenntnissen zum selbstständigen Üben und Wiederholen. Es eignet sich auch für den unterrichtsbegleitenden Einsatz, zur Überbrückung von Kurspausen oder zur Vorbereitung auf Prüfungen der Niveaustufe A1 des *Gemeinsamen Europäischen Referenzrahmens*.

Spanisch üben Lesen & Schreiben A1 orientiert sich an den gängigen A1-Lehrwerken für den Kursunterricht und trainiert die Fertigkeiten Lesen und Schreiben auf diesem Niveau. Die abwechslungsreichen Übungen behandeln alle für die Bewältigung der schriftlichen Alltagskommunikation wichtigen Themen und den entsprechenden Wortschatz. Authentische Textsorten wie E-Mail, Formular oder Chat unterstützen dabei das Leseverstehen und geben Ihnen mehr Sicherheit im schriftlichen Ausdruck.

Die Lösungen zu allen Übungen finden Sie im Anhang. Zu den Übungen, in denen Sie selbst einen Text schreiben sollen, geben wir jeweils eine mögliche Lösung an.

Und nun wünschen wir Ihnen viel Spaß und viel Erfolg!

Autorin und Verlag

A Primeros contactos

A1 Aprendo español para viajar.

1a Lesen Sie die Anmeldeformulare von zwei Kursteilnehmern einer Sprachschule auf Mallorca. Auf wen beziehen sich die Aussagen? Kreuzen Sie Kursteilnehmer 1 (K1), Kursteilnehmer 2 (K2) oder niemand (N) an.

Kursteilnehmer 1

Nombre: Nivaldo
Apellido: Pereira
Nacionalidad: portugués
Lugar de residencia: Oporto
Lugar de nacimiento: Lisboa
Motivos para aprender español:

☒ para viajar
☐ por trabajo
☐ por interés
☒ para hablar con amigos

Kursteilnehmer 2

Nombre: Martin
Apellido: Mayr
Nacionalidad: austriaco
Lugar de residencia: Viena
Lugar de nacimiento: Linz
Motivos para aprender español:

☒ para viajar
☐ por trabajo
☒ por interés
☐ para hablar con amigos

	K1	K2	N
1. Me llamo Martin Mayr.	☐	☐	☐
2. Soy austriaca, de Linz.	☐	☐	☐
3. Vivo en Lisboa.	☐	☐	☐
4. Vivo en Viena.	☐	☐	☐
5. Aprendo español para hablar con mis amigos.	☐	☐	☐
6. Aprendo español para trabajar.	☐	☐	☐

A

1b **Ein Kursteilnehmer stellt sich kurz im Kursforum der Sprachenschule vor. Lesen Sie die Informationen und ergänzen Sie das Anmeldeformular.**

¡Hola! Me llamo Markus Schneider y soy alemán, de Berlín, pero vivo en Hamburgo. Aprendo español para visitar Perú. ¡Hasta luego!

Nombre:		Lugar de residencia:	
Apellido:		Lugar de nacimiento:	
Nacionalidad:			

Motivos para aprender español:

☐ para viajar ☐ por trabajo ☐ por interés ☐ para hablar con amigos

1c **Jetzt übernehmen Sie die Rolle einer Italienerin, die Spanisch lernt. Lesen Sie Ihr Anmeldeformular und schreiben Sie Ihre kurze Vorstellung im Kursforum mithilfe der Angaben.**

____

____

____

____

Nombre:	Lucia	Lugar de residencia:	Milán
Apellido:	Spada	Lugar de nacimiento:	Roma
Nacionalidad:	italiana		

Motivos para aprender español:

☐ para viajar ☐ por trabajo ☒ por interés ☐ para hablar con amigos

A2 Hablo español y un poco de inglés.

2a Im Forum einer Sprachenschule in Valencia lesen Sie die folgenden Nachrichten. Die meisten Verben sind verschwunden. Ergänzen Sie die Lücken mit den richtigen Formen der angegebenen Verben im Präsens.

Nachricht 1

vivir • ser (2x) • aprender • hablar (2x) • ~~llamarse~~

¡Hola! ¿Qué tal? *Me llamo* Manuel y ____________ español, de Madrid, pero ____________ en Valencia. ____________ inglés muy bien. Ahora ____________ francés porque mi novia ____________ francesa y su familia no ____________ español. ¡Hasta pronto! Manuel

Nachricht 2

aprender • ser (2x) • trabajar • hablar

¡Buenos días! ____________ Raquel y ____________ de Sevilla. ____________ en un hotel del centro de Valencia y ____________ inglés bastante bien. Ahora ____________ alemán en un curso. Saludos, Raquel

2b Kerstin sucht eine/n spanischsprachige/n Tandempartner/in, der / die Deutsch lernen will. In ihrer Nachricht haben sich sechs Fehler eingeschlichen. Suchen Sie sie und korrigieren Sie sie.

¡Hola!

¿Qué tal? Llamo Kerstin y soy alemán. Vivo a Berlín. Hablo inglés y alemán. Aprendo español para hablar con mis amigos peruano. Y también porque mucha gente hablan español. ¿Tú aprende alemán? Yo te puedo ayudar.

¡Hasta pronto!

Kerstin

2c Im Chat des gleichen Forums lernen Sie José kennen. Was Sie ihn fragen sollen, wird auf Deutsch vorgegeben.

2d Jetzt übernehmen Sie eine Rolle in dem Forum. Sie suchen eine/n spanischsprachige/n Tandempartner/in. Schreiben Sie eine kurze Anzeige mithilfe der folgenden Angaben.

Name:	Verena	Sprachen: ++ Englisch, + Französisch
Herkunft:	Österreich	
Wohnort:	Deutschland	

Grund, um Spanisch zu lernen: arbeiten in Lateinamerika

A3 En mi tiempo libre practico deporte.

3a Lesen Sie die Kontaktanzeigen im Internet-Forum Ihres Stadtviertels und ordnen Sie sie den entsprechenden Aussagen zu. Welche der Personen unten antwortet auf welche Anzeige?

a. ___ ¡Hola! Me llamo Margarita y toco en la banda de música de la iglesia. Buscamos una persona más. Saludos, Margarita

b. ___ Hola, ¿qué tal? Me llamo Araceli y mi afición principal es la cocina: italiana, mexicana, japonesa... ¿Tú también cocinas? Hasta luego, Araceli

c. ___ ¡Hola a todos! Somos Eva y Lola y somos aficionadas a la fotografía. Hacemos excursiones para tomar fotos de lugares interesantes. ¡Te esperamos! Hasta pronto, Eva y Lola

1. Sergio: Mi afición es ir a la montaña con mi cámara.
2. Petra: Toco la guitarra y el piano.
3. Virginia: Tengo un blog de cocina internacional.

3b Suchen Sie und schreiben Sie alle Begrüßungs- und Verabschiedungsformeln in den Kontaktanzeigen auf.

Begrüßungen: ____

Verabschiedungen: ____

3c Jetzt übernehmen Sie eine Rolle, in der Sie eine Kontaktanzeige mithilfe der Angaben schreiben.

Name: Antonio

Hobby: Musik hören und tanzen

Sucht: eine Partnerin für einen Salsakurs

____

____

____

____

A4 Busco un tándem de alemán.

4a Sie haben heute ein Online-Sprachtandem von der Sprachaustauschbörse erhalten. Lesen Sie die E-Mail und kreuzen Sie die richtige Aussage an.

¡Hola! Me llamo Felipe y soy estudiante de Arquitectura. Soy de Viña del Mar pero ahora vivo en Santiago de Chile con mi amigo Juan. Él es estudiante de Medicina y es peruano, de Lima.

Hablo muy bien inglés y un poquito de francés pero comprendo bastante bien el italiano y el portugués. Ahora aprendo alemán.

En el tiempo libre cocinamos en casa (bueno, en realidad cocina Juan) y jugamos al fútbol. Pero mi afición principal es viajar en vacaciones para visitar lugares interesantes y conocer otras culturas. Por eso busco un tándem de alemán para viajar a Alemania el próximo verano.

Y tú, ¿quién eres?

Saludos,
Felipe

1. Felipe es de...
   a. ☐ Santiago de Chile.
   b. ☐ Lima.
   c. ☐ Viña del Mar.

2. Juan vive en...
   a. ☐ Viña del Mar.
   b. ☐ Santiago de Chile.
   c. ☐ Lima.

3. Felipe habla muy bien...
   a. ☐ inglés.
   b. ☐ francés.
   c. ☐ portugués.

4. Una de las aficiones de Felipe es...
   a. ☐ viajar.
   b. ☐ jugar al tenis.
   c. ☐ bailar salsa.

4b Jetzt übernehmen Sie die Rolle eines Spanischlernenden. Schreiben Sie eine kurze Antwort an Felipe mithilfe der Angaben.

Nombre:	Fabian	Lugar de nacimiento:	Bremen
Apellido:	Egger	Lugar de residencia:	Düsseldorf
Nacionalidad:	alemán		

Lenguas: ++ alemán, + inglés y un poco de español

Motivo para aprender español: viajar a México

Aficiones: tocar la guitarra, tomar fotografías y viajar

++ Hablo **muy bien** inglés.

+ Hablo **bien** francés.

Hablo **un poco** de alemán. (*un poco* braucht immer die Präposition *de* in Verbindung mit einem Substantiv)

B Mi gente

B1 Leticia tiene el pelo largo.

1a Ana ist gerade nach Kolumbien gezogen und will Leute kennenlernen. Lesen Sie die Kontaktanzeigen in einem Internet-Forum, in denen die Fotos aus Versehen nicht gepostet wurden, und ordnen Sie sie der richtigen Anzeige zu.

☐ ¡Hola! Me llamo David y soy colombiano. Soy muy moreno, alto, delgado y a veces llevo gafas. Tengo los ojos oscuros. Soy un poco tímido. ¡Hasta luego!

☐ ¡Hola! Me llamo Hannah y soy alemana. Estudio en Bogotá. Soy rubia y tengo el pelo corto y los ojos claros. Soy un poco gordita. Dicen que soy seria pero en realidad soy muy simpática. ¡Hasta pronto!

☐ Soy Leticia y soy española. Trabajo en un proyecto en Colombia. Tengo el pelo largo y soy morena. Soy bajita y delgada. Creo que soy alegre y optimista. ¡Adiós!

☐ Me llamo Sergio, soy colombiano y trabajo en Bogotá. Soy moreno, alto, delgado y a veces llevo barba. Dicen que soy muy divertido y sociable. ¡Saludos!

A B C D

1b Lesen Sie die Anzeigen noch einmal und kreuzen Sie an, welche Aussagen richtig und welche falsch sind.

	richtig	falsch
1. David es bajito.	☐	☐
2. Hannah es gordita.	☐	☐
3. Leticia es alta.	☐	☐
4. Sergio es delgado.	☐	☐

1c Ana liest noch zwei Anzeigen, aber die Verben sind verschwunden. Ergänzen Sie die Lücken mit der richtigen Form der Verben *ser*, *tener* oder *llevar*.

Kontaktanzeige 1

¡Hola! Me llamo Marcela. _______ alta, delgada y _______ el pelo largo. _______ morena y _______ los ojos oscuros. _______ gafas. _______ un poco tímida. ¡Hasta pronto!

Kontaktanzeige 2

¡Hola a todos! Me llamo Juan y _______ bajito y gordito. _______ el pelo corto y _______ rubio. A veces _______ bigote. Dicen que _______ muy alegre y amable. ¡Hasta luego!

1d Schreiben Sie jetzt selbst zwei kurze Kontaktanzeigen mithilfe der Angaben.

Kontaktanzeige 1

Name: Pablo ____________________
Größe: groß ____________________
Figur: dick ____________________
Haar: kurz, dunkel ____________________
Augen: hell ____________________
Anderes: Bart ____________________

Kontaktanzeige 2

Name: Alicia ____________________
Größe: klein ____________________
Figur: schlank ____________________
Haar: lang, blond ____________________
Augen: dunkel ____________________
Anderes: Brille ____________________

B2 Mariana es divertida y sociable.

2a Ana erzählt in ihrem Blog von ihrem neuen Leben in Kolumbien. Lesen Sie den Post und schreiben Sie alle Charaktereigenschaften auf, die Sie finden.

¡Hola a todos!

¿Qué tal estáis? Yo estoy muy bien en Bogotá. La ciudad me gusta mucho y he encontrado casa enseguida. En total somos tres chicas. Sarah es alemana y es muy alegre. Mi otra compañera, Mariana, es de aquí y es muy divertida y sociable. ¡Me gusta mucho mi piso!

En el trabajo también he conocido a gente interesante: Dani, un colombiano que parece serio y tímido pero en realidad es muy simpático, y Claudia, una chica muy optimista. Carmen parece un poco antipática y aburrida pero quizás tengo que conocerla mejor...

Como veis, ya he hecho amigos en Colombia.

Hasta pronto,
Ana

Rasgos de carácter: *alegre,...* ______________________________

____

____

2b Lesen Sie den Post noch einmal und unterstreichen Sie die richtige Option.

1. Sarah es alegre seria .
2. Mariana es tímida sociable .
3. Dani es simpático antipático .
4. Claudia es optimista pesimista .
5. Carmen parece divertida aburrida .

2c **Sarah, die deutsche Mitbewohnerin von Ana, ist auch neu in Bogotá. Sie schickt ihrem Sprachtandem in Spanien eine Nachricht, in die sich sechs Fehler eingeschlichen haben. Suchen Sie sie und korrigieren Sie sie.**

¡Hola, Alberto!

¿Qué tal estás? Yo estoy muy bien en Bogotá. Es una ciudad muy bonita y tiene mucha vida. Vivo con dos chicas joven y amable. Ana es española y es muy alegra. Mariana es colombiana y parece un poco especial pero en realidad es muy divertido. Mis compañeros del proyecto también son muy simpático y optimistos. ¡Me gusta mucho mi vida aquí!

Hasta pronto,
Sarah

Übereinstimmung der Adjektive:
männlich → weiblich
simpátic**o(s)** → simpátic**a(s)**
alegr**e(s)** → alegr**e(s)**
optim**ista(s)** → optim**ista(s)**
especia**l(es)** → especia**l(es)**

2d **Jetzt beschreiben Sie den Charakter Ihrer neuen Nachbarn mithilfe der Bilder und der Adjektive. Wählen Sie die passenden Adjektive für jedes Foto und setzen Sie sie jeweils in die richtige Form.**

pesimista • alegre • simpático • aburrido • antipático • divertido

Foto 1

Esta es María… ______________________________

____

____

Foto 2

Estos son Jorge y Raúl… ______________________________

____

____

B3 Mi abuelo se llama Vicente.

3a Rodrigo arbeitet für ein Projekt in Ecuador und wohnt derzeit bei einer Gastfamilie. Lesen Sie seine E-Mail und ergänzen Sie den Stammbaum.

Querida Lucía:

¿Cómo estáis? Yo estoy muy bien en Guayaquil. Me gusta mucho la ciudad y he tenido mucha suerte con la familia. ¡Son todos muy simpáticos! Los padres, Valeria y Víctor, son encantadores y me han ayudado con todo. Tienen tres hijos: Fernando, Camila y Sofía. La pequeña, Sofía, es un poco tímida pero los otros dos hermanos siempre quieren jugar conmigo. En el piso de arriba viven los abuelos de los niños, Miguel y Trinidad. Además, a menudo viene de visita Julio, el tío de los niños, con sus dos hijos, Laura y Luis. ¡Ya ves que la casa no es aburrida en absoluto! ¿Cómo va todo por Madrid?

Un abrazo,
Rodrigo

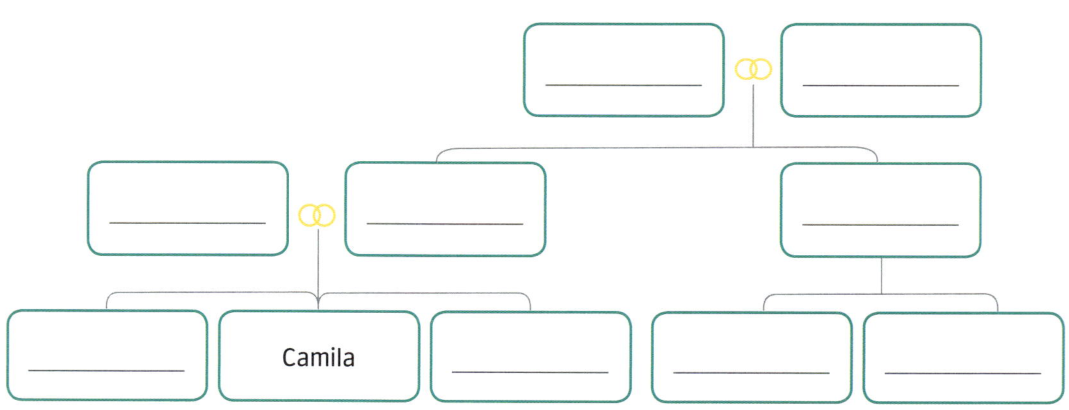

3b Lesen Sie die E-Mail noch einmal und beantworten Sie die Fragen.

1. ¿Cómo se llama la madre de Camila? ____________
2. ¿Quiénes son los nietos de Miguel y Trinidad? ____________
3. ¿Cómo se llaman los primos de Sofía? ____________
4. ¿Cómo se llama el marido de Valeria? ____________
5. ¿Cuántos sobrinos tiene Julio? ____________

3c Elena schickt ihrem Sprachtandem eine Nachricht, in der sie von ihrer Familie spricht. Lesen Sie sie und ergänzen Sie die Possessivbegleiter mithilfe des Stammbaums.

Querida Kristin:

Yo vivo con mi familia en Segovia. _____ hermana pequeña se llama Raquel. _____ padres se llaman Encarna y Toni y trabajan en el restaurante de _____ abuelo Vicente. En el restaurante a veces ayuda _____ otra hija, es decir, _____ tía Emilia. _____ marido, Paco, es un poco antipático – _____ abuela Aurora siempre dice que es un poco especial… _____ tíos tienen un hijo, _____ primo Marcos. ¿Y tú? ¿Cómo es _____ familia?

Un abrazo,
Elena

Aurora ⚭ Vicente
Toni ⚭ Encarna
Emilia ⚭ Paco
Elena
Raquel
Marcos

3d Übernehmen Sie jetzt die Rolle von Kristin und beantworten Sie Elenas Nachricht, indem Sie Ihre Familie mithilfe des Stammbaums beschreiben. Orientieren Sie sich an Elenas Text.

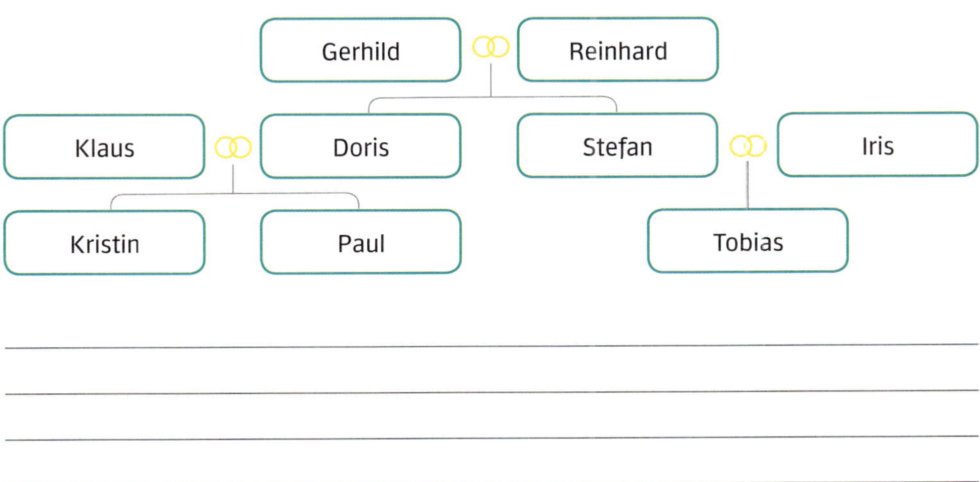

B4 Jesús tiene 33 años y está soltero.

4a Pedro schickt seinem Freund Jesús eine Einladung zu einer Party. Lesen Sie die E-Mail und kreuzen Sie die richtige Aussage an.

¡Hola, Jesús!

¿Te apetece venir el viernes a la fiesta de mi nueva casa? He invitado a mis nuevas compañeras de trabajo. Viene Yolanda, una chica morena muy simpática que tiene 27 años y, además, está soltera. También viene Berta, que tiene unos 40 años y está divorciada. Creo que también va a venir Tatiana, que tiene unos 35 años, está casada y tiene una niña. Ah, mis vecinas, Alicia y Noelia, también vienen. Alicia ahora tiene pareja pero Noelia está soltera de nuevo –y además tiene tu edad, 33 años.

También va a venir mi jefe, que el pobre ahora es viudo, y algunos compañeros del equipo de fútbol, pero creo que estos no te interesan tanto. ¡Te espero el viernes!

Un abrazo,
Pedro

1. Berta está...
   a. ☐ soltera.
   b. ☐ casada.
   c. ☐ divorciada.
2. La vecina Noelia está...
   a. ☐ separada.
   b. ☐ soltera.
   c. ☐ casada.
3. Tatiana...
   a. ☐ tiene pareja.
   b. ☐ es viuda.
   c. ☐ tiene dos hijos.
4. El jefe de Pedro no tiene pareja porque...
   a. ☐ está divorciado.
   b. ☐ es viudo.
   c. ☐ está separado.

In Lateinamerika wird oft das Verb *ser* statt *estar* verwendet, um den Familienstand anzugeben.

4b Übernehmen Sie jetzt die Rolle von Iván, der seiner Freundin Sandra eine kurze Einladung zu einer Party schickt. Beschreiben Sie die Gäste mithilfe der Angaben. Orientieren Sie sich an Pedros E-Mail von Übung 4a.

Verónica
48 Jahre alt
verheiratet, zwei Kinder
ein bisschen schüchtern

Gustavo
46 Jahre alt
geschieden, eine Tochter
sehr sympathisch

Marina
51 Jahre alt
ledig
sehr freundlich

Querida Sandra:

¿Te apetece venir a mi fiesta el sábado por la noche? Vienen mis amigos …

C Mi ciudad

C1 Granada es una ciudad muy bonita.

1a Lesen Sie die Broschüre über Granada und ordnen Sie die Überschriften dem passenden Absatz zu.

Überschrift 1: Gran oferta gastronómica y cultural

Überschrift 2: Una ciudad antigua y joven

Überschrift 3: Cerca de la montaña y del mar

Absatz 1: ____________________

Con tan solo 230.000 habitantes, Granada es un ejemplo de ciudad tradicional y moderna a la vez. Sus importantes monumentos históricos la hacen una de las ciudades más turísticas de España, a la vez que es una ciudad joven y dinámica. La Universidad de Granada tiene mucho prestigio y tiene estudiantes de todas partes.

Absatz 2: ____________________

Granada se encuentra en Andalucía, en el sur de España. Cerca de la ciudad están las montañas de Sierra Nevada y a unos 70 kilómetros está la costa del mar Mediterráneo. Se puede llegar en autobús, tren o avión (la ciudad tiene una buena red de transportes públicos que conectan el centro con el aeropuerto).

Absatz 3: ____________________

Se pueden visitar museos y muchos monumentos de interés cultural. En una montaña al lado de la ciudad está la famosa Alhambra, un antiguo palacio árabe, y el Albaicín, un barrio con mucho encanto. Las calles del centro están llenas de pequeñas tiendas tradicionales y de muchos bares y restaurantes para todos los gustos. Es el lugar ideal para probar las típicas tapas y disfrutar de un espectáculo de flamenco.

1b Lesen Sie die Broschüre noch einmal und kreuzen Sie an, welche Aussagen richtig und welche falsch sind.

Granada...	richtig	falsch
1. ... es una ciudad muy turística.	☐	☐
2. ... no tiene universidad.	☐	☐
3. ... está en el norte de España.	☐	☐
4. ... tiene aeropuerto.	☐	☐
5. ... tiene pocas tiendas.	☐	☐
6. ... se pueden visitar monumentos históricos.	☐	☐

1c Álvaro schickt seiner Freundin Sabine eine Postkarte aus Sevilla, aber die Verben *ser, estar* und *hay* sind verschwunden. Lesen Sie die Postkarte und ergänzen Sie die Lücken mit der richtigen Form.

¡Hola, Sabine!

¿Qué tal __________? Yo __________ muy bien en Sevilla. ¡__________ una ciudad muy bonita y con mucha vida! En el centro __________ muchos bares y restaurantes y ahí __________ la catedral con la Giralda. ¡__________ impresionante! Además, __________ coches de caballos en todas partes. Hoy he visitado la Plaza España, que __________ en un parque muy grande. En la ciudad también __________ un palacio árabe muy famoso, que voy a visitar mañana.

Besos desde Sevilla,
Álvaro

Man verwendet ...
- *ser* bei dauerhaften Eigenschaften (z. B. Nationalität, Herkunft, Beruf, Aussehen, Charakter).
- *estar* für Ortsangaben mit bestimmten Artikeln sowie zum Ausdruck des Befindens.
- *hay* für Ortsangaben mit unbestimmten Artikeln, Substantiven ohne Artikel, Mengenangaben und Zahlen.

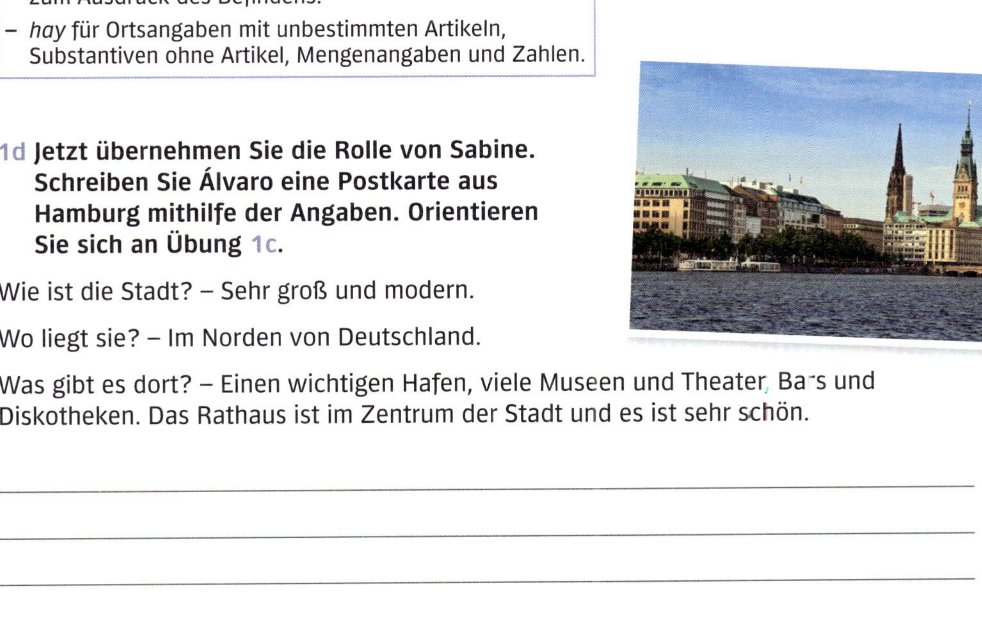

1d Jetzt übernehmen Sie die Rolle von Sabine. Schreiben Sie Álvaro eine Postkarte aus Hamburg mithilfe der Angaben. Orientieren Sie sich an Übung 1c.

Wie ist die Stadt? – Sehr groß und modern.

Wo liegt sie? – Im Norden von Deutschland.

Was gibt es dort? – Einen wichtigen Hafen, viele Museen und Theater, Bars und Diskotheken. Das Rathaus ist im Zentrum der Stadt und es ist sehr schön.

____

____

____

C2 Enfrente de mi casa hay un gimnasio.

2a Rubén ist gerade umgezogen und erzählt seinem Freund Christoph, wie es ihm in seinem neuen Stadtviertel gefällt. Lesen Sie seine E-Mail und kreuzen Sie an, was es in seinem Stadtviertel gibt.

¡Hola, Christoph!

¿Qué tal? Yo me he mudado esta semana a mi nueva casa. Todavía me faltan muchas cosas pero estoy muy contento. Mi nuevo barrio está en las afueras pero hay muchos supermercados y muchas tiendas. En mi calle tengo una oficina de Correos y un cajero automático. A la izquierda de mi casa tengo una farmacia y enfrente, un gimnasio. Así que ya no tengo excusas ;) Lo único negativo es que no hay parques y el hospital de la ciudad está muy lejos del barrio. Tampoco hay carriles para bicicletas... Pero hay una estación de metro muy cerca de mi casa. ¡Todo no se puede tener! ¿Cuándo vienes a visitarme?

Un abrazo,
Rubén

A ☐ ____________________

B ☐ ____________________

C ☐ ____________________

D ☐ ____________________

E ☐ ____________________

F ☐ ____________________

G ☐ ____________________

H ☐ ____________________

I ☐ ____________________

2b Lesen Sie die E-Mail noch einmal und schreiben Sie unter jedes Foto die spanische Bezeichnung.

2c Christoph ist auch vor Kurzem umgezogen und erzählt Rubén, wie es ihm in seinem neuen Stadtviertel geht. In seine E-Mail haben sich sechs Fehler eingeschlichen. Suchen Sie sie und korrigieren Sie sie.

Hola, Rubén:

Estoy bien, gracias. A mí también me gusta mucha mi nueva casa y el barrio es mucho tranquilo y tradicional. No es en el centro y tiene mucho servicios. Es una zona comercial y son muchas tiendas. Además, la estación de metro no está mucho lejos de mi casa. ¿Nos vemos el sábado?

Hasta pronto,
Christoph

¿*Muy* oder *mucho*?

Bei Verben:	Me interesan **mucho** los museos.	
Bei Substantiven:	Hay **mucho** tráfico. Hay **muchos** coches.	Hay **mucha** gente. Hay **muchas** tiendas.
Bei Adjektiven und Adverbien:	La ciudad es **muy** tranquila. La estación está **muy** cerca.	

2d Übernehmen Sie jetzt die Rolle von Ricardo, der auch gerade umgezogen ist, und schreiben Sie Ihrem Freund Juan eine E-Mail, in der Sie Ihr Stadtviertel mithilfe der folgenden Angaben beschreiben.

sehr ruhig und sicher – in der Nähe des Stadtzentrums – eine Bibliothek, viele Bars, 3 Supermärkte, eine Apotheke, ein Bankautomat

____

____

____

____

____

C3 Puedes tomar el metro.

3a Rubén erklärt Christoph den Weg zu sich nach Hause. Lesen Sie seine Mail und nummerieren Sie die Verkehrsmittel in der Reihenfolge, wie sie in der Mail erwähnt werden.

¡Hola, Christoph!

Sí, nos podemos ver el sábado por la tarde. Sé que tú siempre vas en coche a todas partes pero no es buena idea –en este barrio es imposible aparcar. Mira, para llegar a mi casa puedes tomar diferentes transportes públicos. Puedes tomar la línea 3 de metro hasta la estación San Nicolás y cambiar ahí a la línea 1. Después hay solo tres paradas; tienes que bajar en Plaza España.

También puedes venir en la línea 157 de autobús desde el centro. Subes en la parada de Plaza Mayor y es directo hasta mi barrio –bajas en la parada de Avenida Poniente. O puedes tomar el tranvía pero es bastante más lento, porque hay que cambiar de línea varias veces...

Escríbeme el sábado y te explico cómo llegar hasta mi casa a pie.

Hasta el sábado,
Rubén

A ☐

B ☐

C ☐

D ☐

3b Lesen Sie die Mail noch einmal und unterstreichen Sie die richtige Option.

1. Christoph normalmente viaja en metro / en coche .
2. En metro Christoph tiene que tomar dos líneas / tres líneas .
3. Desde el centro tiene que tomar una línea / dos líneas de autobús.
4. Puede tomar la línea 157 de autobús en Plaza Mayor / Avenida Poniente .
5. Rubén cree que el tranvía es una buena idea / no es una buena idea .

3c Jetzt übernehmen Sie die Rolle von Jorge, der eine Nachricht von Alejandra bekommt. Lesen Sie sie und schicken Sie ihr eine Antwort, indem Sie ihr den Weg zu Ihnen nach Hause mit der U-Bahn erklären.

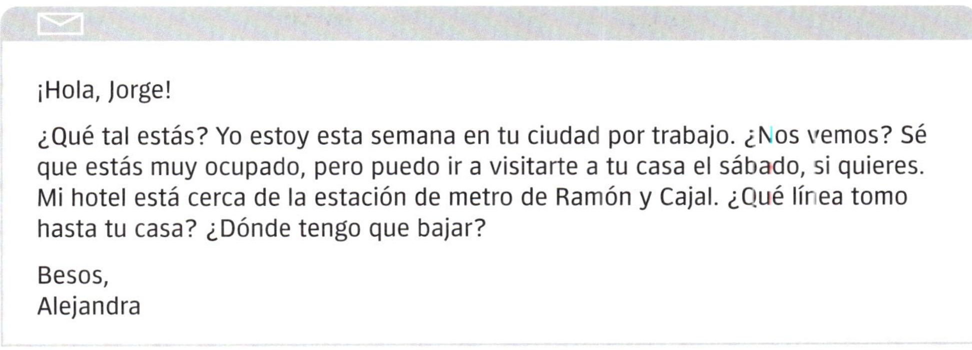

¡Hola, Jorge!

¿Qué tal estás? Yo estoy esta semana en tu ciudad por trabajo. ¿Nos vemos? Sé que estás muy ocupado, pero puedo ir a visitarte a tu casa el sábado, si quieres. Mi hotel está cerca de la estación de metro de Ramón y Cajal. ¿Qué línea tomo hasta tu casa? ¿Dónde tengo que bajar?

Besos,
Alejandra

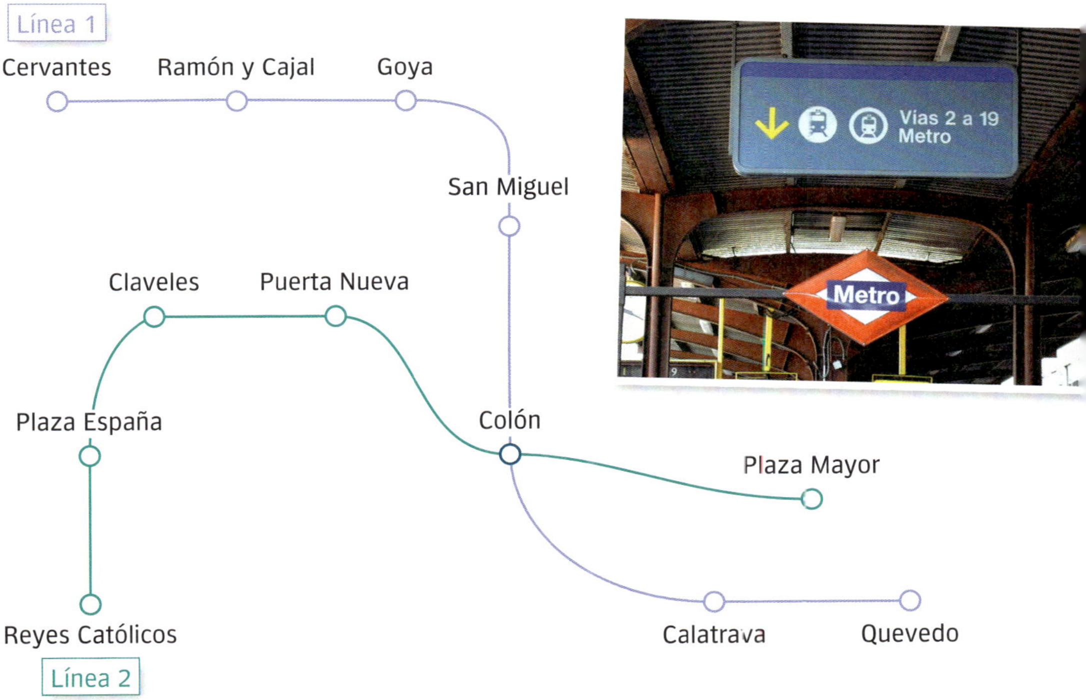

Línea 1

Cervantes – Ramón y Cajal – Goya – San Miguel – Colón – Calatrava – Quevedo

Línea 2

Reyes Católicos – Plaza España – Claveles – Puerta Nueva – Colón – Plaza Mayor

¡Hola, Alejandra!

¡Sí, claro! ¡Nos vemos el sábado! Yo vivo cerca de la estación de metro Plaza España…

C4 Tienes que girar a la derecha.

4a Christoph ist gerade mit der U-Bahn in Rubéns Viertel angekommen. Rubén erklärt ihm per Messenger-App den Weg zu sich nach Hause. Lesen Sie das Gespräch und kreuzen Sie dann den Weg an, den Christoph nehmen muss.

Hola, Rubén. Ya he salido del metro.

Perfecto, ahora tienes que seguir todo recto hasta el semáforo. ¿Lo ves?

Sí. Al lado hay una panadería.

Exacto. Pues en la panadería tienes que girar a la izquierda y seguir todo recto hasta el quiosco.

No veo el quiosco.

Está delante de un cine y de un banco.

Sí, ya lo veo.

Ahí tienes que girar a la derecha. Esa es mi calle. Es la calle Rosales.

Vale, ya estoy en la calle Rosales.

Vas a pasar por una oficina de Correos y una farmacia. Vivo justo enfrente del gimnasio.

Ya te veo en el balcón.

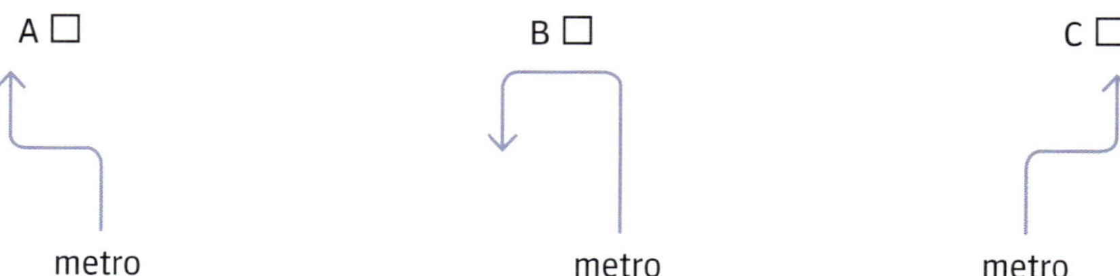

4b Lesen Sie die Korrespondenz zwischen Christoph und Rubén noch einmal und verbinden Sie die Satzteile.

1. Hay una panadería
2. Hay un quiosco
3. Rubén vive
4. Hay una oficina de Correos

a. en la calle de Rubén.
b. enfrente de un gimnasio.
c. al lado del semáforo.
d. delante de un cine.

4c Übernehmen Sie jetzt wieder die Rolle von Jorge, indem Sie Alejandra den Weg zu Ihnen von der U-Bahn-Haltestelle per Messenger-App erklären. Was Sie schreiben sollen, wird auf Deutsch vorgegeben.

¡Ya estoy en tu barrio!

Gut. Jetzt musst du nach rechts abbiegen.

____
____

¿Es la calle Goya?

Ja, genau. Du musst geradeaus bis zur Tankstelle weitergehen.

____
____

Mmm... No veo ninguna gasolinera.

Sie ist neben einer sehr großen Schule.

____

Vale, ya la he visto.

Gut. Dort biegst du nach links ab.

____

¿En la calle Soria?

Ja. Das ist meine Straße. Ich wohne gegenüber einer Bar.

____
____

D Comer y beber

D1 Carla necesita medio kilo de naranjas.

1a Lesen Sie die Einkaufsliste, die Carla für ihren Mann Vicente vorbereitet hat, und kreuzen Sie an, welche Produkte sie braucht.

Nach Mengen und Verpackungen verwendet man *de:* un kilo *de* patatas / un paquete *de* café.

1 kg de cebollas
½ kg de naranjas
3L de leche
4 latas de atún
250 g de queso
6 huevos
1 botella de aceite de oliva

A ☐ B ☐ C ☐ D ☐ E ☐ F ☐ G ☐ H ☐

1b Lesen Sie die Einkaufsliste noch einmal und unterstreichen Sie die richtige Option.

Carla necesita...

1. medio kilo | un kilo de cebollas.
2. medio kilo | un kilo y medio de naranjas.
3. tres litros | un litro de leche.
4. un cuarto de kilo | medio kilo de queso.
5. seis huevos | latas de atún .

1c **Lesen Sie jetzt den Kassenbon von Vicente und schreiben Sie auf, welche Produkte er gekauft hat, die nicht auf Carlas Einkaufsliste waren.**

Vicente ha comprado …

Supermercados Mercasol

6	huevos	0,90 €
1kg	patatas	1,99 €
1L	aceite de oliva	2,80 €
½ kg	manzanas	1,75 €
¼ kg	queso manchego	3,60 €
4	yogures	1,59 €
1L	zumo de naranja	2,10 €
	Total	14,73 €

10/12/19 16:08
¡GRACIAS POR SU COMPRA!

~~un~~ medio kilo → medio kilo
~~un~~ medio litro → medio litro

1d **Schreiben Sie jetzt eine Einkaufsliste mithilfe der Bilder und der Angaben.**

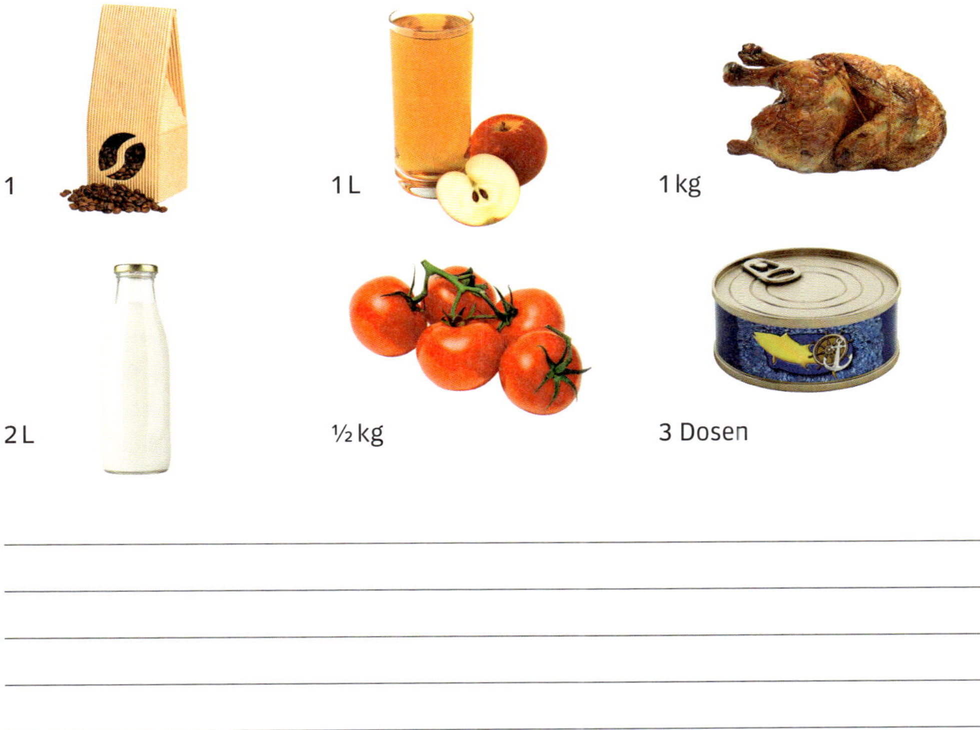

D

D2 A Laura no le gusta el pescado.

2a Daniel und Sara wollen einige Freunde zum Mittagessen zu sich nach Hause einladen. Lesen Sie die Chat-Unterhaltung und kreuzen Sie an, welche Aussagen richtig und welche falsch sind.

Sara, he pensado que podemos hacer una barbacoa con salchichas, pollo, cerdo...

Pero Silvia es vegetariana. ¿Hacemos una lasaña de verduras?

¿De verduras? Ya sabes que a mí no me gusta la verdura. Y a Sergio tampoco.

Es verdad... ¿Y una paella de marisco?

A Laura no le gusta el pescado...

¿Y si hacemos una ensalada y una tortilla de patata?

No es mala idea... ¿Y si pedimos unas pizzas?¿Qué te parece, Sara?

Uff, no sé... Oye, ¿y si vamos a un restaurante?

¡Pues me parece perfecto!

	richtig	falsch
1. Daniel propone una barbacoa de carne.	☐	☐
2. Todos los invitados comen carne.	☐	☐
3. A Sergio no le gusta la verdura.	☐	☐
4. A Laura le encanta el pescado.	☐	☐
5. Daniel quiere comprar pizzas.	☐	☐
6. Al final deciden comer fuera.	☐	☐

2b Sara schickt Laura eine E-Mail, in der die indirekten Objektpronomen verschwunden sind. Ergänzen Sie die Lücken mit dem richtigen Pronomen.

Querida Laura:

Al final vamos a un restaurante. A Daniel ______ gusta la carne pero Silvia es vegetariana. A ti no ______ gusta el pescado y a Sergio y a Daniel no ______ gusta la verdura... A mí ______ gusta todo pero cocinar para todos es difícil. Así que vamos a un bar que a Daniel y a mí ______ gusta mucho. ¿______ gusta la idea a ti y a Sergio?

Besos, Sara

2c Jetzt übernehmen Sie eine Rolle in einem Chat. Am Sonntag haben Sie Gäste bei sich zu Hause. Was Sie sagen sollen, wird auf Deutsch vorgegeben.

Carmen, ¿qué preparamos de primero? ¿Un gazpacho?

Mein Vater mag keine Paprika. ______________________

¿Y una ensalada? Con tomate, queso, aceitunas...

Meine Mutter mag überhaupt keine Oliven. ______________________

Pues sin aceitunas. ¿Y de segundo? ¿Carne o pescado?

Mir ist Fleisch lieber. Meine Eltern mögen Fisch nicht so. ______________________ ______________________

Vale. ¿Pollo o cerdo?

Magst du Lammkoteletts? ______________________

Sí.

Dann als zweiten Gang Lammkoteletts mit Kartoffeln. ______________________ ______________________

D3 En España se comen tapas.

3a Lesen Sie den Blogeintrag über die spanischen Tapas und kreuzen Sie die richtige Aussage an.

Las tapas son muy conocidas internacionalmente y son, junto con la paella, el icono de la cocina española. Pero, ¿qué es exactamente una tapa? Es una cantidad pequeña de comida que se toma con una bebida y se sirve en un plato pequeño.

Las tapas más famosas son las patatas bravas, el queso, los calamares, el chorizo, las aceitunas... Estas tapas son comunes a casi todas las regiones de España, pero hay otras que son más específicas de una zona. Depende del bar y de la región, se puede recibir una tapa gratis cuando se pide la bebida.

Se pueden tomar como aperitivo antes de los platos principales a mediodía o por la noche, o pueden ser directamente un almuerzo o una cena informales en familia o entre amigos.

1. Una tapa es...
   a. ☐ un tipo de paella.
   b. ☐ una bebida típica española.
   c. ☐ un plato pequeño de comida.
2. En España se encuentran...
   a. ☐ las mismas tapas en todas las regiones.
   b. ☐ tapas comunes en todo el país y tapas regionales.
   c. ☐ tapas completamente diferentes en cada región.
3. Las tapas...
   a. ☐ a veces son gratuitas.
   b. ☐ siempre se pagan.
   c. ☐ siempre son gratuitas.
4. Las tapas pueden ser un aperitivo informal...
   a. ☐ solo antes del almuerzo.
   b. ☐ solo antes de la cena.
   c. ☐ antes del almuerzo o de la cena.

3b Lesen Sie den Blogeintrag noch einmal und suchen Sie die Namen der folgenden Tapas. Schreiben Sie sie unter das richtige Foto.

A ______________________ B ______________________

C ______________________ D ______________________

„Man" entspricht *se* auf Spanisch. Beachten Sie die Übereinstimmung:

En España se **come** paella. / En España se **comen** tapas.

3c Schreiben Sie jetzt selbst einen kleinen Blogeintrag über die Paella mithilfe der Angaben.

Was ist Paella? –
Spanisches Gericht mit Reis, Meeresfrüchten oder Fleisch.

Woher kommt sie ursprünglich? –
Aus Valencia.

Wo isst man sie? –
Im ganzen Land, vor allem im Osten Spaniens.

Wann isst man sie? –
Traditionell samstags oder sonntags als Mittagessen, nie als Abendessen.

La paella es … ____

____

____

D4 Me encanta el servicio del restaurante.

4a Sara, Daniel und ihre Freunde entscheiden sich für das Restaurant, das Silvia per SMS vorschlägt. Lesen Sie das Tagesmenü und die SMS und beantworten Sie die Fragen.

¡Hola a todos! ¿Qué tal si vamos al Rincón de Trini? He visto el menú del día y tienen opciones para todos: para Laura, que no come pescado y marisco tampoco, para Daniel, que siempre prefiere carne y odia la verdura, y para los vegetarianos como yo. Besos, Silvia

El rincón de Trini – Menú del día

Primeros platos
Ensalada verde
Gazpacho
Sopa de pollo

Segundos platos
Pollo al ajillo con patatas fritas
Calamares a la plancha con ensalada
Arroz con verduras

Postres
Flan
Fruta del tiempo
Helado

13 € (pan y bebida incluidos)

1. ¿Qué primeros platos puede comer Silvia? ________________.
2. ¿Qué segundo plato no va a pedir Laura? ________________.
3. ¿Qué va a pedir Daniel de primero? ________________.
4. ¿Y qué va a pedir Daniel de segundo? ________________.

Gazpacho ist eine ursprünglich aus Andalusien stammende kalte Gemüsesuppe aus pürierten rohen Tomaten, Paprika, Gurken, Knoblauch, Olivenöl, Essig und Weißbrot.

4b **Lesen Sie die Online-Bewertungen vom Restaurant *La arrocería del puerto* und verbinden Sie die Satzteile.**

Nicolás: *****
Comida excelente y productos de buena calidad. El arroz de marisco está muy bueno. ¡Lo recomendamos!

Valeria: *
La comida no está mal pero las raciones son muy pequeñas. No vamos a volver.

Teresa: ****
La especialidad de la casa son los arroces y la verdad es que están muy buenos. Lo negativo es que es bastante caro pero vale la pena.

Pedro: ***
Todo está muy bueno pero los camareros son muy lentos y además antipáticos. ¡Hemos esperado una hora!

1. A Pedro no le gusta
2. A Nicolás le encanta
3. A Teresa no le gusta mucho
4. A Valeria no le gusta

a. la cantidad de comida en los platos.
b. el precio del arroz.
c. el arroz de marisco del restaurante.
d. el servicio del restaurante.

4c **Übernehmen Sie jetzt die Rolle von Daniel, der eine Online-Bewertung von *El rincón de Trini* schreiben will. Schreiben Sie die Bewertung mithilfe der Angaben.**

Essen	★★★★	gut
Bedienung	★★★★	gut und schnell, außerdem nette Kellner
Portionen	★★★★	groß
Preis	★★☆☆	ein bisschen teuer

D5 Pelamos y cortamos las patatas.

5a Lesen Sie in einem Kochblog das Rezept für eine spanische *tortilla* und bringen Sie die Schritte in die richtige Reihenfolge.

LA TORTILLA DE PATATA

Fría o caliente, como tapa o plato de un menú, en casa o de excursión: la tortilla española o más conocida como "tortilla de patata" en España es diferente de las tortillas mexicanas que se usan para hacer burritos o tacos. Para preparar este clásico de la gastronomía española solo necesitamos un cuchillo, un plato, una cuchara de madera, un bol, una buena sartén y los siguientes ingredientes:

Ingredientes para 4 personas:

4 patatas grandes
1 cebolla grande
5 huevos
aceite de oliva
sal al gusto

Elaboración:

Paso 1
Pelamos las patatas y las cebollas, y las cortamos en trozos pequeños.

Paso ____
Echamos la mezcla del bol a la sartén y la cocinamos a fuego medio. Freímos la tortilla por un lado y después le damos la vuelta con un plato. Así se cocina por los dos lados.

Paso ____
Batimos los huevos en un bol y echamos las cebollas y las patatas ya fritas. Lo mezclamos todo en el bol. Añadimos la sal al gusto.

Paso ____
Por último, servimos la tortilla en un plato. ¡Buen provecho!

Paso ____
Calentamos el aceite en una sartén y freímos las patatas y la cebolla a fuego lento durante media hora. Remover de vez en cuando con una cuchara de madera.

5b Lesen Sie die Schritte noch einmal, suchen Sie die Verben und schreiben Sie die Infinitive auf.

Pelar, …
____

____

5c Lesen Sie im gleichen Kochblog das Rezept für einen *gazpacho* und ergänzen Sie die Lücken mit der richtigen Form der angegebenen Verben wie im Beispiel.

~~pelar~~ • echar • triturar • servir • cortar • mezclar • añadir

GAZPACHO

Ingredientes para 6 personas:

1 kg de tomates	2L de agua
1 cebolla	200 g de pan
1 pimiento	1 diente de ajo
1 pepino	sal, aceite de oliva y vinagre al gusto

Elaboración:

Primero, hervimos los tomates durante un minuto y después los pelamos. *Pelamos* el pepino y la cebolla y los ___________ junto con el pimiento en trozos pequeños. Después, ___________ las verduras cortadas a una olla grande y ___________ los dos litros de agua, la sal, el aceite y el vinagre. Luego, ponemos el pan y el diente de ajo en la olla. ___________ todo y lo ___________ con una batidora. Por último, ponemos el gazpacho en la nevera y lo ___________ frío después de unas tres horas.

5d Jetzt sind Sie Alberto, der seinem Sprachtandem das Rezept für eine spanische Sangría mithilfe der Angaben erklärt.

Zutaten: 1 l Rotwein, 750 ml Limonade, 1 Zitrone, Obst und Zucker

Zubereitung: Rotwein, Limonade und Zucker in einen Topf geben und umrühren. Obst schälen und schneiden. Zitrone in Schreiben schneiden und alles im Topf mischen. In den Kühlschrank stellen und kalt servieren.

¡Hola, Sebastian! Claro que conozco la receta de la sangría. Necesitas …

____

____

____

____

____

Saludos, Alberto

E Mi día a día

E1 Soy informático y trabajo en una empresa.

1a Einige Personen stellen sich kurz in einer Social-Media-Gruppe im Internet vor. Lesen Sie die Texte und schreiben Sie die Namen der Personen unter jedes Foto.

Rafael
¡Hola! Me llamo Rafael y soy médico. Trabajo en el hospital general, normalmente por la noche. A veces es un trabajo un poco estresante y duermo poco, pero me gusta mucho ayudar a mis pacientes.

Eugenio
¡Hola a todos! Soy Eugenio y soy policía. Normalmente estoy en la calle y me ocupo de la seguridad del barrio. Hay días tranquilos y días más dinámicos, pero en general es un trabajo muy entretenido.

Maribel
¡Hola! Me llamo Maribel y soy vendedora en el mercado municipal. Durante la semana y los sábados tengo que levantarme muy temprano para prepararlo todo, pero me gusta mucho el contacto con mis clientes.

Yolanda
Hola, ¿qué tal? Soy Yolanda y trabajo como profesora de matemáticas en una escuela. A veces tengo muchos alumnos en una clase y es un poco difícil pero es un trabajo muy interesante.

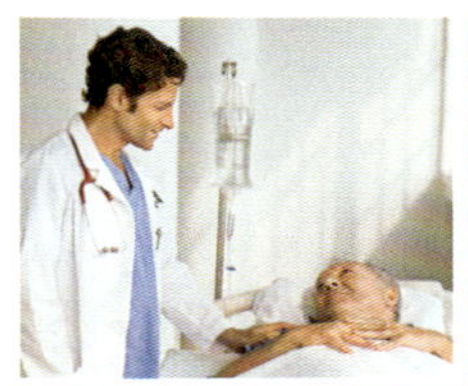

 A ____________
 B ____________
 C ____________
 D ____________

1b Lesen Sie die Texte noch einmal und verbinden Sie die Satzteile.

1. Eugenio trabaja	a. en un mercado.
2. Yolanda trabaja	b. en la calle.
3. Maribel trabaja	c. en un hospital.
4. Rafael trabaja	d. en una escuela.

1c Lesen Sie die Visitenkarten und beantworten Sie die Fragen.

Tomás Gómez

Taxista

Móvil: 659 870 217

Rosa Suárez Saredo

Traductora de francés

Móvil: 618 176 950
rosa_suarez@abc.com

Ignacio Piñero Salas

Informático
Empresa de informática "Websystems"
Tel.: 93 438 43 09
ignacio.pinero@websystems.es
www.websystems.es

Celia Santos

Arquitecta
Oficina de arquitectura "Construdesign"
Tel.: 91 384 16 24
celia.santos@constru.com
www.construdesign.es

1. ¿Qué profesión tiene Tomás Gómez? __________
2. ¿Cómo se llama la empresa de Celia Santos? __________
3. ¿Qué hace Ignacio Piñero Salas? ¿Dónde trabaja? __________
4. ¿Cómo se llama la traductora de francés? __________
5. ¿Tomás Gómez tiene correo electrónico? __________
6. ¿Cuál es la página web de la arquitecta? __________

1d Jetzt übernehmen Sie die Rolle von Juan und stellen sich in der Social-Media-Gruppe mithilfe seiner Visitenkarte kurz vor.

Juan Delgado Ruiz

Veterinario
Clínica veterinaria "Mascospital"
Tel.: 927 79 28 31
j.delgado@mascospital.es

¡Hola a todos! …

____

____

E2 Por la mañana me despierto muy temprano.

2a Manuel, ein spanischer Rentner, erzählt Andrea seinen Tagesablauf. Lesen Sie die E-Mail und bringen Sie die Abschnitte in die richtige Reihenfolge.

Abschnitt ____
Luego, por la tarde, leo un libro, navego por Internet y salgo a pasear (los martes son diferentes porque tengo clase de alemán).

Abschnitt 1
¡Hola, Andrea!
¿Qué tal estás? Te escribo temprano pero es que yo siempre me despierto a las seis. Me levanto, me ducho, me visto y voy a comprar el pan a la panadería.

Abschnitt ____
Más tarde, vuelvo a casa y ceno con mi mujer. Después de cenar vemos un poco la tele y nos acostamos pronto. Y tú, ¿qué haces un día normal?

Saludos, Manuel

Abschnitt ____
Sobre las siete y media desayuno con mi mujer y a las ocho voy a llevar a mis nietos a la escuela. Después hago la compra en el súper, leo el periódico...

Abschnitt ____
Al mediodía, almuerzo en casa con mi mujer y mi hijo, que trabaja en un bar cerca de mi casa y en la pausa del mediodía viene a comer con nosotros.

2b Lesen Sie Manuels E-Mail noch einmal und kreuzen Sie die richtigen Aussagen an.

1. Después de vestirse, Manuel...
   a. ☐ se ducha.
   b. ☐ sale de casa.
   c. ☐ se levanta.
2. Antes de llevar a sus nietos a la escuela, Manuel...
   a. ☐ desayuna.
   b. ☐ lee el periódico.
   c. ☐ hace la compra en el súper.
3. El hijo de Manuel almuerza...
   a. ☐ en su trabajo.
   b. ☐ en un bar.
   c. ☐ en casa de sus padres.
4. Por la noche, Manuel...
   a. ☐ ve la tele antes de cenar.
   b. ☐ ve la tele después de cenar.
   c. ☐ no ve la tele.

2c Andrea beantwortet Manuels E-Mail, indem sie ihm von ihrem Tagesablauf erzählt. Es haben sich sieben Fehler eingeschlichen. Suchen Sie sie und korrigieren Sie sie.

Querido Manuel:

Mi día también empeza muy temprano. Me desperto a las cinco y me levanto (mi marido y mi hija dormen hasta las siete). Después de desayuno voy a trabajar al hospital. Por la mañana trabajo y al mediodía mis compañeros y yo almuerzamos en la pausa. Por la tarde trabajo hasta las tres. Después voy a buscar a mi hija y volvemos juntas a casa (mi marido volve más tarde). Por la noche ceno con mi familia y me acosto temprano. ¡Así es mi vida durante la semana!

Saludos,
Andrea

antes **de almorzar** ↔ antes **del almuerzo**
después **de almorzar** ↔ después **del almuerzo**

2d Jetzt übernehmen Sie die Rolle von Paco, der bei einer Bank arbeitet. Schreiben Sie einen kurzen Blogeintrag, in dem Sie Ihren Tagesablauf mithilfe der Bilder und Angaben beschreiben.

Por la mañana

Por la tarde

Por la noche

¡Hola a todos! Me llamo Paco y trabajo en un banco…

E3 Los lunes tengo clase de yoga a las seis.

3a Lesen Sie den Chat zwischen Paco und seinem Freund Emilio, der ein Restaurant besitzt. Kreuzen Sie an, um wie viel Uhr Paco den Tisch reserviert hat.

Emilio, ¿a qué hora abres los domingos?

Pues entre la una y la una y media. ¿Por qué?

Porque quiero reservar una mesa para este domingo. Somos unos 8 más o menos.

Vale. ¿A qué hora?

Sobre las dos y cuarto.

Perfecto. ¡Hasta el domingo!

13:00 13:30 14:15 20:00

A ☐ B ☐ C ☐ D ☐

3b Lesen Sie die Öffnungszeiten und kreuzen Sie an, welche Aussagen richtig und welche falsch sind.

Lokal 1
Bar "La estrella" – Tapas y bocadillos
07:00 – 23:00
martes cerrado

Lokal 2
Restaurante "El olivo" – Comida tradicional

lunes – viernes:	13:00 – 16:00
sábados, domingos y festivos:	13:00 – 16:00 21:00 – 23:30

	richtig	falsch
1. "La Estrella" no está abierto los martes.	☐	☐
2. "El olivo" abre todos los días.	☐	☐
3. En "El olivo" se puede almorzar hasta las 3 de la tarde.	☐	☐
4. "El olivo" abre solo al mediodía los fines de semana.	☐	☐

3c Lesen Sie die Nachricht, die Marta ihrer Freundin Claudia per Social Media schickt, und tragen Sie ihre Termine für nächste Woche in den Kalender ein. Benutzen Sie die 24-Stunden-Uhr.

¡Hola, Claudia!

¿Tienes tiempo la semana que viene para quedar? De lunes a viernes trabajo en la oficina desde las ocho de la mañana hasta las cinco de la tarde. Los lunes y los miércoles por la tarde tengo clase de yoga a las seis.

Además, el jueves tengo cita en el dentista a las cinco y media. Y el viernes por la tarde voy de compras con mi hermana porque el domingo es el cumpleaños de mi madre. ¿Qué tal si quedamos el sábado?

Besos, Marta

el martes (*am Dienstag*) – **los** martes (*dienstags*)

LUN	MAR	MIE	JUE	VIE	SÁB	DOM
08:00 – 17:00 oficina						

3d Jetzt übernehmen Sie die Rolle von Claudia und schicken Marta eine Antwort, indem Sie für Samstag absagen und sie fragen, ob sie in zwei Wochen Zeit hat. Erzählen Sie ihr, wie Ihre Woche dann aussieht.

LUN	MAR	MIE	JUE	VIE	SÁB	DOM
hacer la compra					10:00 – 15:00 tienda	
	14:00 – 20:30 tienda	14:00 – 20:30 tienda	14:00 – 20:30 tienda	14:00 – 20:30 tienda		
17:00 zumba						

¡Hola, Marta! Lo siento, pero el sábado no puedo. ¿ …

E4 Todos los días salgo a correr.

4a Lesen Sie die Kontaktanzeigen und ordnen Sie ihnen die Fotos zu.

Anzeige 1 – Foto ____
¡Hola a todos! Me llamo Gloria y soy periodista. Dicen que soy muy simpática y abierta. Me gusta mucho salir con mis amigos, ir a bailar, tomar algo... Nos vemos todos los sábados.

Anzeige 2 – Foto ____
Hola, ¿qué tal? Me llamo David, soy bombero y me encanta el deporte. Todos los días salgo a correr o voy al gimnasio. Si no trabajo, los domingos voy a jugar al fútbol con mis amigos.

Anzeige 3 – Foto ____
¡Hola! Me llamo Lorena y soy profesora. Me gusta mucho leer novelas policiacas y tocar el piano pero durante la semana casi nunca tengo tiempo. Pero el fin de semana sí que tengo tiempo para mis aficiones.

Anzeige 4 – Foto ____
¡Hola a todos! Soy Carlos y me gustan mucho el cine y la televisión. Todos los días veo en casa una película o un capítulo de una serie y de vez en cuando voy al cine del centro comercial de mi barrio.

4b Lesen Sie die Kontaktanzeigen noch einmal und unterstreichen Sie die richtige Option.

1. Gloria sale con sus amigos una vez a la semana / al mes.
2. David siempre / nunca hace deporte.
3. Durante la semana Lorena lee muy poco / a menudo.
4. Carlos va al cine a menudo / a veces.

4c Gema erzählt ihrem Sprachtandem von ihren Hobbys, aber einige Wörter sind verschwunden. Lesen Sie die E-Mail und ergänzen Sie die Lücken.

¡Hola, Thomas!

¿Qué tal estás? Este fin de semana estoy en casa de mis padres. Tienen una casa con piscina en la montaña con un jardín muy bonito. A mi madre le gusta *t* _ _ _ _ _ _ _ _ en el jardín y por eso hay muchas flores y plantas. Aquí tengo tiempo para *l* _ _ _ novelas y *n* _ _ _ _ _ en la piscina. También me gusta salir a *c* _ _ _ _ _ _, *p* _ _ _ _ _ _ con mi perro por la montaña... ¡Hay mucha tranquilidad! Este fin de semana también están mi hermana y mi cuñado y quizás mañana hacemos *s* _ _ _ _ _ _ _ _ _ _ porque a todos nos gusta caminar en la montaña. A mi hermana también le gusta *h* _ _ _ _ gimnasia en el jardín y a mi cuñado le gusta *t* _ _ _ _ la guitarra. Y a ti, ¿qué te gusta hacer?

Saludos,
Gema

Nunca voy al cine. / **No** voy **nunca** al cine.

4d Übernehmen Sie jetzt die Rolle von Thomas und erzählen Sie Gema von Ihren Hobbys mithilfe der Bilder und Angaben.

einmal die Woche | jeden Tag | oft am Wochenende | fast nie

Querida Gema: ...

E5 La siesta: ¿Mito o realidad?

5a **Einige Personen sprechen in einem Forum über die spanische *siesta*. Lesen Sie die Einträge und kreuzen Sie an, auf wen sich die Fragen beziehen.**

Simón
Me levanto todos los días a las 5 de la mañana (soy campesino y tengo que ocuparme de los animales) y, claro, por la tarde estoy cansado. Después de comer, me acuesto en la cama y duermo la siesta todos los días, sobre todo en verano –a más de 40°C no se puede trabajar fuera. Y luego, más tarde, voy otra vez a la granja.

Ana
De lunes a viernes trabajo en una pequeña tienda de móviles de 9 a 14. Después, tenemos una pausa larga al mediodía –la tienda cierra de 14 a 17. Voy a casa, como, y hago algunas tareas en casa antes de volver a la tienda. Necesito tiempo para ir y venir de la tienda en autobús, así que la siesta para mí no existe... Y en los fines de semana, tampoco. No tengo la costumbre.

Pablo
Durante la semana salgo de casa a las 6 de la mañana. Soy electricista y trabajo por mi cuenta. Normalmente como fuera de casa en algún bar y después de comer continúo con el trabajo. No puedo hacer una pausa para ir a casa a dormir la siesta. Pero los sábados y los domingos son diferentes: me gusta relajarme en el sofá delante de la tele y dormir un rato.

Eva
Yo soy profesora en un instituto en Madrid y tenemos clase también por las tardes, así que la siesta es un lujo que reservo para los meses de julio y agosto, cuando tengo vacaciones. Además, cuando hace tanto calor no se puede salir a la calle y me gusta descansar tranquilamente en casa y dormir un poco en la cama o en el sofá. ¡Es una de mis actividades favoritas del verano!

¿Quién...	**Simón**	**Ana**	**Pablo**	**Eva**
1. duerme la siesta solo en verano?	☐	☐	☐	☐
2. no duerme nunca la siesta?	☐	☐	☐	☐
3. duerme siempre la siesta?	☐	☐	☐	☐
4. duerme la siesta los fines de semana?	☐	☐	☐	☐

5b Lesen Sie den Artikel in einem Blog über spanische Gewohnheiten und ordnen Sie die Überschriften dem passenden Absatz zu.

La siesta: ¿Mito o realidad?

Überschrift 1: La siesta como solución contra el calor

Überschrift 2: ¿Qué es la *siesta*?

Überschrift 3: El ritmo de vida en las grandes ciudades

Absatz 1: ______________________________

Como la paella o el flamenco, la siesta es otro icono que se asocia a España en el extranjero. *Dormir la siesta* significa, simplemente, dormir un poco después de comer –desde unos minutos hasta una o dos horas, en el sofá o en la cama. Pero, ¿de verdad todos los españoles hacen una pausa para dormir después de comer? ¿No trabajan por las tardes?

Absatz 2: ______________________________

En las ciudades como Madrid o Barcelona la mayoría de las personas no duermen la siesta durante la semana. Los hábitos están muy relacionados con los horarios de trabajo: normalmente se empieza a trabajar entre las 8 o las 9 de la mañana y se termina entre las 17 y las 18. Además, muchos supermercados y tiendas del centro abren todo el día hasta las 20:30 o las 21. Por eso hay poco espacio para la siesta.

Absatz 3: ______________________________

En verano muchos españoles tienen que adaptarse a las temperaturas, que en algunos lugares pueden llegar hasta los 45°C. Por eso, las personas que trabajan al aire libre (en el campo, en la construcción...) comienzan temprano por la mañana y hacen una pausa larga después de comer. En las ciudades las empresas a veces ofrecen un horario especial de verano a los trabajadores: empiezan temprano y acaban a las 14 o 15 del mediodía.

Die rückbezüglichen Pronomen lauten: *me, te, se, nos, os, se*. Manche Verben sind im Spanischen rückbezüglich *(levantarse, despertarse)*, nicht jedoch im Deutschen (und umgekehrt).

F Mi casa

F1 Mi casa tiene un jardín enorme.

1a Lesen Sie die Anzeigen einer Internet-Plattform bezüglich eines Wohnungsaustauschs in Valencia und Umgebung und ordnen Sie die Titel der richtigen Anzeige zu. Ein Titel bleibt übrig.

A Casa rural con jardín
B Chalé con piscina
C Apartamento en la playa con ascensor
D Estudio cerca del centro
E Piso con terraza

Anzeige 1 – Titel ____

¡Hola! Mi apartamento tiene 75 m² y está en primera línea de playa. Es exterior y desde el balcón hay unas vistas magníficas de la playa de Cullera. Tiene dos dormitorios, salón-comedor, cocina y baño completo. El edificio tiene ascensor.

Anzeige 2 – Titel ____

¡Hola a todos! Tengo una preciosa casa en el campo de unos 150 m² y está rodeada de un jardín enorme con barbacoa. Hay 6 dormitorios (con camas individuales y dobles), 2 baños, cocina equipada, un comedor y un salón con chimenea. Está situada en una zona muy tranquila, a unos 5 km de Sagunto.

Anzeige 3 – Titel ____

¡Buenos días! Tengo un pequeño estudio de unos 35 m² y se encuentra a 1 km del centro de Valencia. Es muy luminoso y está muy bien comunicado. Tiene cocina americana, baño y aire acondicionado. Es ideal para una o dos personas.

Anzeige 4 – Titel ____

¡Hola! ¿Qué tal? Nuestra casa tiene unos 90 m² y está en las afueras de Alcira, en una zona muy tranquila. Está completamente renovada. Tiene un salón, lavabo y una cocina en la planta baja y en el primer piso hay un baño completo, un dormitorio con cama doble y dos dormitorios con camas individuales. ¡Incluso hay una piscina en el jardín!

1b Lesen Sie die Anzeigen noch einmal und schreiben Sie sämtliche darin erwähnten Zimmer und sonstigen Bereiche der Wohnungen auf.

Partes de la casa: *balcón,...* ____________________

____

____

1c Lesen Sie die folgenden Anzeigen von Personen, die eine Unterkunft für einen Aufenthalt in Valencia und Umgebung suchen, und finden Sie in Übung 1a eine passende Unterkunft für jeden.

Anzeige 1 – Unterkunft *2*

¡Hola! ¿Qué tal? Somos un grupo de 6 amigos que queremos pasar una semana en el campo y hacer excursiones. Nos encanta la naturaleza, hacer deporte y cocinar juntos.

Anzeige 2 – Unterkunft ____

¡Buenos días! Mi familia y yo queremos pasar las vacaciones este verano cerca del mar. Somos tres personas: mi hija pequeña, mi mujer y yo. Preferimos una casa con terraza o balcón y con ascensor.

Anzeige 3 – Unterkunft ____

¡Hola! Mi familia y yo queremos pasar un fin de semana tranquilo, lejos del estrés de la ciudad. A mis dos hijos les gusta mucho jugar al aire libre y sobre todo les encanta la piscina.

Anzeige 4 – Unterkunft ____

¡Hola a todos! A mi novia y a mí nos gusta visitar ciudades y sus monumentos y queremos conocer mejor el centro de Valencia. Por eso buscamos un alojamiento cerca del metro o de una parada de autobús.

1d Stellen Sie jetzt ein Inserat in die Plattform, in dem Sie Ihre Wohnung mithilfe der Angaben beschreiben.

¡Hola! Mi casa tiene... ____________________

____

____

____

ca. 85 m²

Hell, ruhig

10 km von Zentrum entfernt, aber gut angebunden

Balkon, Wohnzimmer, 2 Schlafzimmer, Küche und Bad

Aufzug

F2 En la habitación hay una cama y un armario.

2a Patricia zieht nächste Woche zum Studieren nach Madrid und hat im Internet ein Zimmer in einer WG gemietet. Die Hauptmieterin Lorena schickt ihr eine E-Mail mit Informationen. Lesen Sie sie und kreuzen Sie an, welche Möbel und Elektrogeräte in der Wohnung sind.

¡Hola, Patricia!

¿Qué tal estás? ¿Preparada para tu nueva vida en Madrid? La semana que viene no voy a estar en casa, así que te explico unas cosas sobre el piso. Como ya te he dicho, tu habitación tiene unos 15 m^2 y da a la calle, pero en general es tranquila. Tienes una cama individual, un armario y un escritorio. También hay unos cuadros de Lourdes, la antigua inquilina. Si no te gustan los puedes cambiar ;)

Tenemos un comedor con una mesa, cuatro sillas y un sofá. De momento no tenemos lámpara porque Lourdes la ha roto. La cocina es grande; tenemos bastante espacio para cocinar y para la nevera. ¡Incluso tenemos lavavajillas! El baño es pequeño pero con la ducha, el lavabo y el váter es suficiente. Ah, el aire acondicionado del salón no funciona; el técnico lo tiene que reparar. Y en el balcón tengo unas plantas. ¿Las puedes regar, por favor?

Si quieres saber más cosas, me escribes un e-mail o me envías un mensaje.

Saludos y hasta pronto,
Lorena

A ☐ ____________ B ☐ ____________ C ☐ ____________ D ☐ ____________

E ☐ ____________ F ☐ ____________ G ☐ ____________ H ☐ ____________

2b Patricia ist gerade eingezogen und kommuniziert mit Lorena per Messenger-App. Lesen Sie, was die beiden sich schreiben, und ergänzen Sie die Lücken mit den direkten Objektpronomen.

Lorena, ¿puedo usar tu cafetera?

Sí, claro que ____ puedes usar. Oye, ¿el aire acondicionado ya funciona?

Sí. El técnico ya ____ ha reparado. Ah, y si quieres puedo comprar una lámpara para el salón.

Vale, ____ pagamos entre las dos. Por cierto, ¿has regado las plantas?

Sí. Tranquila, ____ voy a cuidar. 😊

¡Gracias! Oye, ¿te puedo pedir un último favor? ¿Puedes devolver a la biblioteca los libros que están encima de mi mesa?

Sí, claro que ____ puedo devolver. Otra cosa, ¿dónde está la lavadora? Es que no ____ encuentro.

Es que no tenemos lavadora. 😓 Tienes que ir a la lavandería de la esquina...

2c Jetzt übernehmen Sie die Rolle von Martín, dem Hauptmieter einer WG, und erklären dem neuen Mieter Raúl mithilfe der unten angegebenen Informationen per E-Mail, was es in der Wohnung gibt.

Wohnzimmer: 1 Sofa, 1 Sessel, 1 Fernseher und 1 Tisch mit 5 Stühlen
Schlafzimmer von Raúl: 1 Bett, 1 Schrank, 1 Bücherregal, 1 Spiegel
Küche: Kühlschrank, Ofen, Mikrowelle
Komplettes Bad mit Badewanne und Waschmaschine

¡Hola, Raúl! Te explico un poco cómo es el piso… ____________________

____

____

____

F3 Esta lámpara es la más cara.

3a Patricia will sich einen Teppich für ihr Schlafzimmer kaufen. Schauen Sie sich den Online-Katalog eines Dekorationsgeschäfts an und kreuzen Sie an, welche Aussagen richtig und welche falsch sind.

Alfombras

Milcor	*Saskia*	*Filbon*
60 x 90 cm	200 x 300 cm	200 x 300 cm
39,95 €	119,90 €	165,95 €

	richtig	falsch
1. La alfombra *Saskia* es tan grande como la *Filbon*.	☐	☐
2. La alfombra *Saskia* es la más cara.	☐	☐
3. La alfombra *Milcor* es la más pequeña.	☐	☐
4. La alfombra *Filbon* es menos grande que la *Milcor*.	☐	☐
5. La alfombra *Milcor* es más barata que la *Filbon*.	☐	☐

3b Patricia hat sich einige Stehlampen für das Wohnzimmer angeschaut und schreibt Lorena eine Mail. Lesen Sie sie und ergänzen Sie den Katalog mithilfe der Angaben und der Informationen.

120 cm • 110 cm • 145 cm • 38,95 € • 38,95 € • 105 €

Lampe *Ibiza*	Lampe *Llumia*	Lampe *Luxor*
Größe: ________	Größe: ________	Größe: ________
Preis: ________	Preis: ________	Preis: ________

¡Hola, Lorena!

Me gustan las lámparas de este catálogo. Creo que la *Luxor* es la más apropiada pero es la más cara y la más grande... La *Ibiza* también es bonita y es tan barata como la *Llumia*. Quizás la *Llumia* es mejor para el salón porque es la más pequeña y nuestro salón no es muy grande. En realidad la *Ibiza* es solo un poco más grande que la *Llumia*... ¿Tú qué piensas de estas?

Saludos, Patricia

3c Übernehmen Sie jetzt die Rolle von Lorena. Beantworten Sie die Nachricht von Patricia und vergleichen Sie die Lampen.

Lampe *Maika*

Größe: 105 cm
Preis: 59,95 €

Lampe *Apolo*

Größe: 115 cm
Preis: 95,90 €

Lampe *Sinor*

Größe: 115 cm
Preis: 72,95 €

¡Hola, Patricia!

Te envío el link de otras lámparas que he visto en Internet. ¿Qué lámpara te gusta más?...

____

____

____

____

más bonito/a/os/as **que**
menos bonito/a/os/as **que**
tan bonito/a/os/as **como**

Ausnahmen:
bueno → ~~más bueno~~ → *mejor*
malo → ~~más malo~~ → *peor*

el más grande / **la más** grande
los más grandes / **las más** grandes

F4 En el primero vive una señora muy amable.

4a Patricia befindet sich jetzt in einem Möbelgeschäft. Lesen Sie das Schild mit den Stockwerken und kreuzen Sie die richtige Aussage an.

CONFORAMA: TODO PARA TU CASA

- 5ª planta: jardín y terraza
- 4ª planta: baño
- 3ª planta: cocina
- 2ª planta: dormitorios
- 1ª planta: salón
- 0 planta: decoración y accesorios

1. Para comprar una planta para el balcón, hay que ir a la...
   a. ☐ quinta planta.
   b. ☐ tercera planta.
   c. ☐ segunda planta.
2. Si quieres comprar una cama, tienes que ir a la...
   a. ☐ primera planta.
   b. ☐ segunda planta.
   c. ☐ cuarta planta.
3. En la tercera planta puedes encontrar...
   a. ☐ bañeras.
   b. ☐ escritorios.
   c. ☐ neveras.
4. En la primera planta hay...
   a. ☐ sofás.
   b. ☐ lavadoras.
   c. ☐ microondas.

Die Ordnungszahlen haben eine männliche und eine weibliche Form, je nach dem Geschlecht des Substantivs, auf das sie sich beziehen. Sie werden so abgekürzt:

1º / 1ª → primero / primera	6º / 6ª → sexto / sexta
2º / 2ª → segundo / segunda	7º / 7ª → séptimo / séptima
3º / 3ª → tercero / tercera	8º / 8ª → octavo / octava
4º / 4ª → cuarto / cuarta	9º / 9ª → noveno / novena
5º / 5ª → quinto / quinta	10º / 10ª → décimo / décima

4b Lorena schreibt Patricia einige Informationen über ihre Nachbarn. Lesen Sie die E-Mail und verbinden Sie die Satzteile.

¡Hola, Patricia!

Oye, no te he explicado nada sobre los vecinos. A veces quizás escuchas música un poco alta. Es que en el segundo tenemos un piso de estudiantes y a veces hacen fiestas los fines de semana... Pero son simpáticos y entre semana no hacen ruido.

¿Has conocido a la señora Lola? Es una mujer de unos cincuenta años, muy simpática, que vive en el primer piso. Habla mucho pero es muy amable. Y arriba, en el cuarto, vive una pareja con dos hijos y claro, juegan y corren por casa... No sé si has escuchado a un perro. Es del vecino del quinto pero no sé mucho sobre él porque es bastante antipático. ¡Nos vemos en dos días!

Saludos, Lorena

1. En el 4° piso
2. En el 5° piso
3. En el 2° piso
4. En el 1r piso

a. viven estudiantes.
b. vive una señora muy amable.
c. vive una familia con niños.
d. hay un animal.

Vivo en el **primero**. / Vivo en el **primer** piso.
Vivo en el **tercero**. / Vivo en el **tercer** piso.

4c Übernehmen Sie wieder die Rolle von Martín. Raúl fragt Sie nach einigen Informationen zu den Nachbarn per Messenger-App. Was Sie sagen sollen, wird auf Deutsch vorgegeben.

Raúl, hay un músico en el edificio, ¿no?

Ja, im 4. Stock wohnt eine Pianistin. ______________________

¿Y quién más vive en el edificio?

Im 2. Stock wohnt ein älteres Paar. Sie sind sehr freundlich. ______________________ ______________________

Y hay unos chicos jóvenes, ¿no?

Ja, im 3. Stock wohnen zwei Brüder. ______________________

G De fin de semana

G1 Queremos hacer una escapada.

1a **Lesen Sie die Angebote für Ausflüge in den Südwesten Spaniens und suchen Sie für jede Person einen passenden Ausflug.**

Ausflug 1 – Sierra de Aracena

Es el lugar ideal para disfrutar de la tranquilidad, hacer senderismo y visitar la Gruta de las Maravillas o las minas de Río Tinto. Además, la región es conocida por su jamón de gran calidad. Se pueden reservar excursiones en autobús desde Huelva.

Ausflug 2 – Costa de la Luz

Es el lugar perfecto para los amantes de la playa. Esta costa de largas playas se extiende desde la frontera con Portugal hasta Tarifa. Hay importantes puertos deportivos que ofrecen la posibilidad de practicar deportes acuáticos.

Ausflug 3 – Mérida

Legendaria ciudad en el suroeste de la península que tiene las ruinas romanas mejor conservadas de España. Además, en las noches de verano se pueden ver obras de teatro al aire libre en el Festival de Teatro Romano de Mérida.

Ausflug ____

María: Vivimos en Sevilla y queremos pasar un fin de semana fuera de la ciudad. A mis hijos les gusta nadar y jugar en la playa y a mi marido le gusta hacer esnórquel y bucear.

Ausflug ____

Rebeca: Para este fin de semana busco un plan original. Es el cumpleaños de mi novio y quiero darle una sorpresa. A él le gusta mucho ir al cine y al teatro y le encanta la historia.

Ausflug ____

Juanjo: A mi mujer y a mí no nos gusta la playa. Preferimos la montaña y la tranquilidad. Nos gusta mucho hacer senderismo y disfrutar de la buena gastronomía.

1b Juanjo benötigt weitere Informationen über Ausflüge in die Sierra de Aracena. Lesen Sie seine E-Mail an die Touristeninformation und kreuzen Sie an, welche Fragen er hat.

Buenos días:

Mi mujer y yo queremos hacer una excursión a la Sierra de Aracena este fin de semana y necesitamos más información. ¿Cuánto cuestan las excursiones? ¿Cuánto se tarda en ir en autobús desde Huelva? ¿Se puede ir y volver en un día? Y, por último, ¿de dónde salen los autobuses?

Muchas gracias de antemano.

Atentamente,
Juanjo Díaz

Juanjo quiere saber...

1. ☐ dónde está la Sierra de Aracena.
2. ☐ el precio de la excursiones.
3. ☐ la duración del viaje en autobús desde Huelva.
4. ☐ si la comida está incluida.
5. ☐ dónde se toman los autobuses.

1c Übernehmen Sie jetzt die Rolle von Rebeca, die mit ihrem Freund nach Mérida reisen möchte und sich über geführte Touren informiert. Schreiben Sie eine kurze E-Mail an die Touristeninformation mithilfe der Angaben. Orientieren Sie sich an der E-Mail von Übung 1b.

Sie möchte ...

Infos zu den Führungen im römischen Theater nächstes Wochenende: Uhrzeit? Dauer?

2 Eintrittskarten für das Theaterfestival reservieren. Preis?

Und was kann man in Mérida noch an einem Wochenende machen?

Buenos días: ____________________

Quiero ir a Mérida... ____________________

____

____

____

G2 Me llevo el vestido blanco.

2a Lesen Sie die Reisecheckliste von Susana, die mit ihrer Freundin Celia am Wochenende verreisen möchte. Wohin fahren Susana und Celia? Unterstreichen Sie die richtige Option.

neceser
toalla verde
gorra azul
crema solar
sandalias marrones
bikini
vestido blanco
camiseta amarilla
ropa interior
billete de tren

Susana va a pasar el fin de semana en la playa / en la montaña .

2b Lesen Sie Susanas Reisecheckliste noch einmal und kreuzen Sie an, welche Kleidungsstücke sie braucht.

A ☐ ______ B ☐ ______ C ☐ ______ D ☐ ______

E ☐ ______ F ☐ ______ G ☐ ______ H ☐ ______

Die Farben passen sich wie die Adjektive in Geschlecht und Zahl an das nachfolgende Substantiv an:
negr**o(s)** → negr**a(s)**
verd**e(s)** → verd**e(s)**
azu**l(es)** → azu**l(es)**
Naranja, *rosa* und *lila* bleiben unverändert.

2c Celia überlegt gerade, was sie in den Koffer packen soll. Sie schreibt Susana eine Nachricht, in der die Farben verschwunden sind. Lesen Sie sie und ergänzen Sie die Lücken mithilfe der Farbangaben. Achten Sie auf die Übereinstimmung.

¡Hola, Susana!

¿Qué tal? ¿Estás preparada para el fin de semana? La verdad es que yo no sé qué llevarme. Creo que para el viaje me llevo los vaqueros (blau) __________ y la blusa (rosa) ________ de algodón que me habéis regalado por mi cumpleaños, que es muy cómoda. Para la playa, ¿me llevo el vestido (grün) __________? ¿O es demasiado elegante? Mejor me llevo la falda (orange) __________ con la camiseta (weiß) __________, que es más informal y juvenil. También me llevo el pañuelo (gelb) __________ de seda y los zapatos (schwarz) __________ de tacón para salir por la noche. ¿Me llevo la chaqueta (braun) __________ de cuero? Quizás hace frío por la noche...

Besos,
Celia

2d Übernehmen Sie jetzt die Rolle von Alejandro, der nächstes Wochenende auf eine Hochzeit eingeladen ist. Erstellen Sie eine Checkliste mithilfe der Bilder.

____

____

____

____

____

G3 ¿Quedamos el sábado?

3a Lesen Sie die Chat-Unterhaltung zwischen Diego und Carolina und kreuzen Sie an, welche Aussagen richtig und welche falsch sind.

¡Hola, Carolina! ¿Te apetece ir a tomar algo esta semana?

Sí, ¡buena idea! ¿Qué tal el viernes por la noche?

El viernes no puedo, lo siento. Es que tengo entradas para un concierto... ¿Por qué no nos vemos el sábado?

¿El sábado? Mmm... Es que tengo que trabajar hasta las 18...

Podemos quedar después para tomar unas cañas.

¡Vale! ¿Dónde quedamos?

¿En el bar *Nuria*?

Genial. Está cerca de mi trabajo. ¿A qué hora nos vemos?

¿Sobre las 18:30?

¡Perfecto! Quedamos así entonces. 🙂

	richtig	falsch
1. Diego propone ir al cine.	☐	☐
2. Carolina tiene tiempo el viernes por la noche.	☐	☐
3. Diego va a ir a un concierto el viernes.	☐	☐
4. Carolina tiene que estudiar el sábado.	☐	☐
5. Quedan el sábado a las seis y media en un bar.	☐	☐

Tener que + *Infinitiv* drückt eine Verpflichtung aus (= *müssen*). → *Mañana tengo que trabajar. María tiene que estudiar para el examen.*
Ir a + *Infinitiv* drückt eine Absicht aus. → *El sábado vamos a hacer una excursión. El domingo Jorge y Elisa van a tomar algo a una terraza.*

3b Lesen Sie die drei SMS. Welche ist ein Vorschlag, welche eine Absage und welche eine Zusage?

SMS 1: ____________________

¡Hola, querida! No puedo, lo siento. Es que este fin de semana voy a quedarme en casa porque tengo que cuidar a mis sobrinos. Nos vemos otro día. Besos, Lola

SMS 2: ____________________

¿Qué tal? Carlos y yo vamos a ver una exposición gratuita de Picasso en el Caixa Forum este fin de semana. ¿Vienes con nosotros? Saludos, Margarita

SMS 3: ____________________

¡Hola! Sí, ¡qué buena idea! Ya sabes que a mí me encanta el arte. ¿Cómo quedamos? Un abrazo, Luis

3c Übernehmen Sie nun die Rolle von Iván, der sich gerade per Messenger-App mit einem Freund verabredet. Was Sie sagen sollen, wird auf Deutsch vorgegeben.

Iván, ¿por qué no vamos a ver el partido de fútbol del domingo?

Am Sonntag kann ich nicht, es tut mir leid. Ich muss nämlich lernen.

____

____

¿Y si quedamos el sábado?

Am Samstag habe ich vor, einen Ausflug mit meiner Schwester zu machen, aber wir können uns am Abend treffen.

____

____

____

¡Genial!

Wie verbleiben wir?

____

¿En la plaza del Ayuntamiento a las 21?

Perfekt. Wir verbleiben dann so.

____

G4 Hoy hace viento en Quito.

4a Schauen Sie sich die Wettervorhersage für Südamerika an und kreuzen Sie die richtige Aussage an.

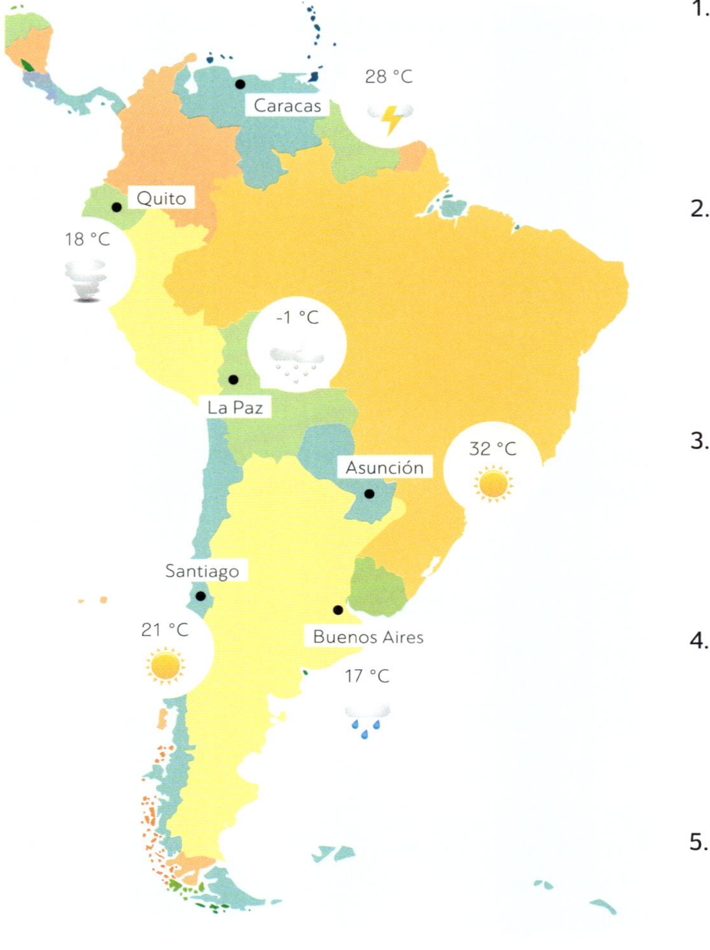

1. Hoy en Buenos Aires...
   a. ☐ nieva.
   b. ☐ llueve.
   c. ☐ hace sol.

2. Hoy en Caracas...
   a. ☐ hay tormenta.
   b. ☐ hace mucho viento.
   c. ☐ está nublado.

3. Hoy en Asunción...
   a. ☐ hace calor.
   b. ☐ hace frío.
   c. ☐ llueve.

4. Hoy en Quito...
   a. ☐ hay tormenta.
   b. ☐ hace sol.
   c. ☐ hace viento.

5. Hoy en La Paz...
   a. ☐ hay niebla.
   b. ☐ nieva y hace frío.
   c. ☐ hace sol y calor.

4b Lesen Sie die Wettervorhersage für Spanien in einer Tageszeitung und verbinden Sie die Satzteile.

PRONÓSTICO DEL TIEMPO PARA HOY:

En el norte se esperan lluvias, especialmente en La Coruña, y en Bilbao hay probabilidad de niebla a primera hora de la mañana. En el centro de la península Ibérica nieva, sobre todo en Madrid, donde las temperaturas van a bajar a los -2°C. En el sur del país hace buen tiempo con temperaturas mínimas de 10°C –en Sevilla, Córdoba y Málaga va a hacer sol todo el día. En Barcelona se esperan tormentas de intensidad por la tarde y en Valencia está nublado con vientos fuertes a mediodía.

1. En Madrid
2. En Barcelona
3. En La Coruña
4. En Málaga
5. En Bilbao
6. En Valencia

a. hay tormenta.
b. hace sol.
c. hay niebla.
d. nieva y hace frío.
e. llueve.
f. hace viento.

4c Übernehmen Sie die Rolle von Vicente und beantworten Sie Joaquíns SMS, indem Sie ihm die Wetterprognose mithilfe der Symbole mitteilen. Wann ist es am sinnvollsten, an den Strand zu fahren?

¡Hola, Vicente! ¿Y si quedamos hoy para ir a la playa?
¿Por la mañana o por la tarde?
Ya me dices. Un abrazo, Joaquín

Mañana: 

Mediodía: 

Tarde: 

¡Hola, Joaquín! Sí, buena idea… ______________________

____

____

H De viaje

H1 En febrero quiero viajar a Cuba.

1a Lesen Sie die Kontaktanzeigen in einem Reise-Forum und ordnen Sie die Reisekategorien der richtigen Anzeige zu. Eine Reisekategorie bleibt übrig.

A Vacaciones de aventura

B Turismo rural

C Vacaciones culturales

D Vacaciones de playa

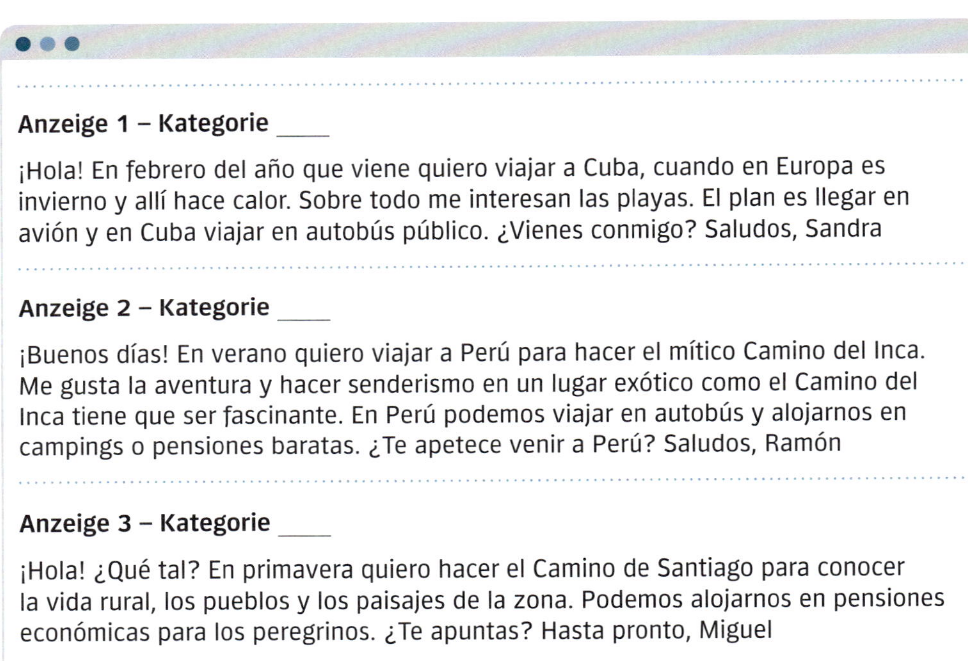

Anzeige 1 – Kategorie ____

¡Hola! En febrero del año que viene quiero viajar a Cuba, cuando en Europa es invierno y allí hace calor. Sobre todo me interesan las playas. El plan es llegar en avión y en Cuba viajar en autobús público. ¿Vienes conmigo? Saludos, Sandra

Anzeige 2 – Kategorie ____

¡Buenos días! En verano quiero viajar a Perú para hacer el mítico Camino del Inca. Me gusta la aventura y hacer senderismo en un lugar exótico como el Camino del Inca tiene que ser fascinante. En Perú podemos viajar en autobús y alojarnos en campings o pensiones baratas. ¿Te apetece venir a Perú? Saludos, Ramón

Anzeige 3 – Kategorie ____

¡Hola! ¿Qué tal? En primavera quiero hacer el Camino de Santiago para conocer la vida rural, los pueblos y los paisajes de la zona. Podemos alojarnos en pensiones económicas para los peregrinos. ¿Te apuntas? Hasta pronto, Miguel

1b Lesen Sie die Kontaktanzeigen noch einmal und ordnen Sie die Antworten der richtigen Anzeige zu.

Anzeige ____

Julio: Me encantan las vacaciones activas por mi cuenta, con la mochila y la tienda de campaña, pero la subida a Machu Picchu quiero compartirla con alguien.

Anzeige ____

Cristian: También me interesan los pueblos y los paisajes. Tengo vacaciones en mayo y no tengo mucho dinero, así que me gusta tu plan de viaje.

Anzeige ____

Isabel: Me encanta la idea de conocer el Caribe. Me gusta el turismo de sol y playa y este año me apetece un lugar más exótico. Además, odio el invierno ;)

1c **Lesen Sie den Eintrag in Javiers Reiseblog und kreuzen Sie an, welche Aussagen richtig und welche falsch sind.**

¡Hola a todos!

Me llamo Javier, soy de Santander y viajar es mi pasión. Me gustan las vacaciones activas, viajar a lugares exóticos, conocer culturas diferentes y vivir experiencias inolvidables. Viajo solo o con mis amigos –nunca en viajes organizados– sobre todo en julio y agosto porque siempre tengo dos meses de vacaciones. Normalmente me alojo en campings o en pensiones no muy caras. ¡Me encanta subir al avión y empezar una nueva aventura! En este blog vais a encontrar fotos y anécdotas de mis viajes.

	richtig	falsch
1. Le gustan las vacaciones tranquilas.	☐	☐
2. Viaja en verano.	☐	☐
3. Normalmente hace viajes organizados.	☐	☐
4. Duerme en alojamientos caros.	☐	☐
5. Le gusta mucho viajar en avión.	☐	☐

Bei den Monaten und Jahreszeiten verwendet man die Präposition *en*: *en* abril, *en* octubre, *en* invierno, *en* otoño.

1d **Jetzt übernehmen Sie die Rolle von Montse. Schreiben Sie einen Blogeintrag über Ihre Reisegewohnheiten mithilfe der Angaben.**

große Städte und exotische Landschaften — mit Ihrem Partner — vor allem im Frühling — mit Flugzeug und Mietwagen — in Hotels oder Pensionen

¡Hola a todos!

Me llamo Montse, soy de Tarragona y me encanta visitar…

H2 Queremos reservar una habitación doble.

2a Lesen Sie die Beschreibungen von zwei Unterkünften in Nordspanien und schreiben Sie die Bezeichnungen der Dienstleistungen unter die Symbole. Sie finden sie in den Beschreibungen.

Unterkunft 1

El *Parador de Turismo de Riaño* se encuentra en plena naturaleza. Es el punto de partida perfecto para visitar el Parque Nacional de los Picos de Europa.

El hotel cuenta con habitaciones individuales, dobles y triples con baño privado, televisión, calefacción y aire acondicionado. Se puede reservar media pensión o pensión completa.

Hay aparcamiento para los clientes, Internet gratuito, ascensor, spa y guardería.

Unterkunft 2

La *Posada del Ángel* es una casa rural de ambiente familiar ideal para los peregrinos del Camino de Santiago –está a tan solo 10 km de Santiago de Compostela.

Dispone de habitaciones individuales y dobles con baño compartido y desayuno. Hay servicio de lavandería, Internet gratuito y piscina. Se admiten mascotas.

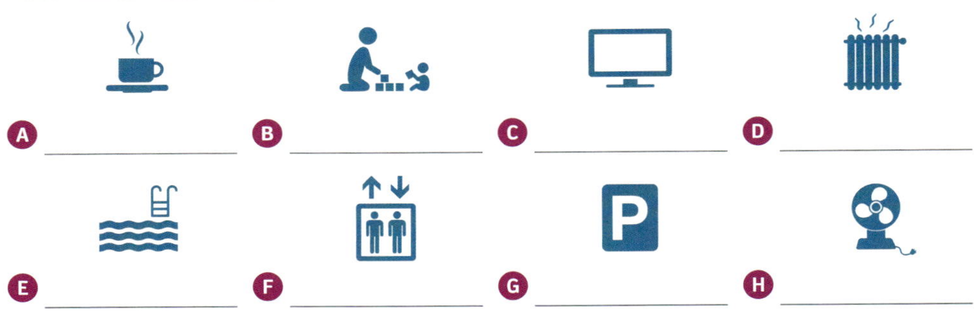

2b Lesen Sie die Beschreibungen noch einmal und beantworten Sie die Fragen.

¿En qué alojamiento...

1. ... se puede lavar la ropa? ______________________.
2. ... se pueden tener animales? ______________________.
3. ... pueden dormir tres personas en una habitación? ______________________.
4. ... hay baños dentro de las habitaciones? ______________________.
5. ... se ofrecen comidas y cenas? ______________________.

2c Cristian möchte eine Reservierung in der *Posada del Ángel* machen. Lesen Sie seine E-Mail und unterstreichen Sie die richtige Option.

Buenos días:

Un amigo y yo vamos a hacer el Camino de Santiago en mayo y queremos reservar una habitación doble por la zona del 15 al 17 de mayo. ¿Tienen disponibilidad?

Tenemos otras preguntas. ¿El desayuno está incluido en el precio de la habitación? ¿Cuánto cuesta el servicio de lavandería? ¿Hasta qué hora se puede hacer el check-in? ¿Podemos pagar directamente en el alojamiento con tarjeta de crédito? Muchas gracias de antemano.

Atentamente,

Cristian Díaz

1. Cristian necesita una habitación para una persona dos personas.
2. La reserva es para tres noches dos noches.
3. Quiere saber el precio de la lavandería del alquiler de bicicletas.
4. Le interesa pagar en efectivo con tarjeta de crédito.

Ein *Parador de Turismo* ist ein Hotel, das sich in einem alten, renovierten Gebäude von kulturellem, geschichtlichem oder künstlerischem Interesse befindet.

2d Jetzt übernehmen Sie die Rolle von Pedro García, der eine Reservierung im *Parador de Turismo de Riaño* machen will. Schreiben Sie eine E-Mail an das Hotel mithilfe der Angaben. Orientieren Sie sich an der E-Mail von Übung 2c.

Doppelzimmer
Halbpension
17. – 19. September

Parkplatz im Zimmerpreis inbegriffen?
Preis vom Spa?

H3 He hecho más de mil fotografías.

3a Lesen Sie Javiers Blogeintrag und kreuzen Sie an, was er diese Woche schon auf der Halbinsel Yucatán gemacht hat.

¡Hola a todos!

Estoy en la Península de Yucatán, en el sur de México. ¡Es impresionante! Hasta ahora he hecho más de mil fotografías y he conocido a gente muy interesante. Esta semana he visto las antiguas ruinas mayas de Chichen Itzá y la excursión me ha gustado mucho – el guía nos ha explicado cosas muy curiosas.

También he estado dos días en la capital colonial, Mérida, y a pocos kilómetros de la ciudad he visitado una auténtica hacienda mexicana. Esta tarde he vuelto a Valladolid, una pequeña ciudad colonial con muchas casas de colores. La gente local me ha dicho que la laguna Bacalar es increíble, así que quiero ir en los próximos días.

La gastronomía mexicana es muy rica y variada. Todavía no he probado el chile habanero (he oído que es el más picante del mundo) pero ya he bebido tequila. 🙂

Huy, ¡he escrito mucho! Y vosotros, ¿alguna vez habéis estado en México?

A ☐ hacer fotografías
B ☐ ver Chichen Itzá
C ☐ ir a la laguna Bacalar
D ☐ estar en ciudades coloniales
E ☐ visitar una hacienda mexicana
F ☐ beber tequila
G ☐ probar el chile habanero
H ☐ volver a Valladolid

3b Lesen Sie den Blogeintrag noch einmal, suchen Sie die unregelmäßigen Partizipien und schreiben Sie sie auf.

hacer → hecho, …

3c Miguel geht gerade den Jakobsweg und schreibt dabei ein Reisetagebuch mit seinen Erlebnissen. Ergänzen Sie die Lücken mit der richtigen Form des angegebenen Verbs im *perfecto*.

Lunes 6 de mayo

Querido diario :

Sé que esta semana yo *he escrito* poco pero estos últimos días Cristian y yo ______________ (caminar) muchos kilómetros y estamos muy cansados.

Esta mañana nosotros ______________ (salir) del albergue a eso de las 8 y ______________ (llegar) a O Cebreiro al mediodía. ______________ (comer) en un bar y ahí unos vecinos del pueblo nos ______________ (decir) que este es uno de los pueblos más bonitos de todo el Camino de Santiago. Así que Cristian y yo ______________ (decidir) dormir hoy aquí y continuar mañana. ¡______________ (hacer) unas fotos increíbles con mi cámara!

Hasta ahora nosotros ______________ (conocer) a gente muy interesante y ______________ (ver) pueblos muy bonitos y paisajes impresionantes.

¡El Camino de Santiago es una experiencia única!

3d Übernehmen Sie die Rolle von Tamara, die gerade ihren Urlaub auf Teneriffa verbringt. Schreiben Sie einen Eintrag in Ihr Reisetagebuch mithilfe der Checkliste.

- [x] subir al Teide
- [ ] visitar el Loro Parque
- [x] viajar en barco
- [x] hacer esnórquel con tortugas
- [x] ver delfines
- [ ] alquilar bicicletas para hacer una excursión
- [x] probar el queso canario
- [ ] beber el licor típico de plátano

Querido diario:

Esta semana estoy de vacaciones en Tenerife y he hecho muchas cosas. Ya… pero todavía no… También…

____

____

H4 El servicio del hotel ha sido muy amable.

4a Mónica kommuniziert mit einer Freundin nach ihrer Rückkehr von Mallorca. Lesen Sie die Chat-Unterhaltung und ergänzen Sie die Spalten mit den positiven und negativen Bewertungen, die Mónica von der Reise macht.

¡Hola! ¿Ya habéis vuelto de Mallorca?

Sí, hemos llegado esta tarde.

¿Y qué tal el viaje?

Pues el vuelo de vuelta ha sido horroroso.

¿Qué ha pasado?

Hemos llegado con tres horas de retraso y además nos han perdido las maletas...

Vaya... Pero, ¿lo habéis pasado bien?

Sí, la isla nos ha gustado mucho. Hemos visitado pueblos muy bonitos y hemos estado en unas playas increíbles.

¡Qué bien! Oye, ¿y qué tal el tiempo?

Ha hecho buen tiempo toda la semana pero a veces ha hecho demasiado calor.

¿Y el hotel os ha gustado?

Sí, mucho. ¡Y el personal nos ha encantado! Pero está un poco lejos de la playa...

Oye, tenemos que quedar un día y me enseñas las fotos.

¡Vale!

Valoraciones positivas 	Valoraciones negativas
La isla les ha gustado mucho.	

4b Lesen Sie die Online-Bewertungen vom *Parador de Turismo de Riaño* und geben Sie mit einem Smiley an, ob es sich um eine positive (🙂) oder negative (😫) Bewertung handelt.

Bewertung 1

Concha: ____
Las habitaciones están muy limpias y son acogedoras. Buena relación calidad-precio. ¡Ha sido una estancia genial!

Bewertung 2

Emilio: ____
Es muy caro para los servicios que ofrecen. ¡El ascensor no ha funcionado en todo el fin de semana! Además, la conexión a Internet es muy lenta.

Bewertung 3

Hortensia: ____
La comida del restaurante ha sido horrorosa: poca cantidad, poca variedad y de baja calidad. No lo recomendamos en absoluto.

Bewertung 4

Pedro: ____
El servicio del hotel ha sido muy amable con nosotros y nos han ayudado mucho con sus consejos para visitar el Parque Nacional. 100 % recomendable.

4c Übernehmen Sie die Rolle von Mónica und schreiben Sie eine Bewertung von Ihrem Hotel auf Mallorca mithilfe der Angaben.

Lage: 😫 ein bisschen weit weg vom Strand

Preis: 😫 teuer

Zimmer: 🙂 sauber

Service: 🙂 schnelles WLAN, gutes Frühstück

Personal: 🙂 sehr freundlich

Allgemeine Bewertung: 🙂 fantastischer Aufenthalt

El hotel está… ____________________

____

____

H5 Tenemos preguntas sobre el seguro del coche.

5a Santiago plant mit seinen Freunden eine Reise nach Patagonien und hat im Internet einen Mietwagen gebucht. Er schreibt der Mietwagenfirma eine E-Mail mit einigen Fragen. Lesen Sie sie und ergänzen Sie die Tabelle.

Buenos días:

Hemos reservado un coche con su compañía del 11 al 16 de febrero con recogida y devolución en el aeropuerto de Punta Arenas en Chile (código de reserva CF5JIN2).

Tenemos algunas preguntas sobre el seguro del coche. Queremos cruzar la frontera con Argentina y queremos saber si necesitamos contratar un seguro adicional o si es suficiente con la cobertura básica.

Atentamente, Santiago Cañizares

español	alemán
recogida	*Abholung*
	Rückgabe
	Buchungscode
	Versicherung
	Grundversicherungsschutz

5b Lesen Sie jetzt die Antwort der Mietwagenfirma und unterstreichen Sie die richtige Option.

Estimado Sr. Cañizares:

Para cruzar la frontera con Argentina necesita un seguro internacional obligatorio que cuesta unos 120.000 pesos chilenos. Para solicitarlo, nos tiene que enviar por e-mail una copia de su licencia de conducir y de su pasaporte, porque necesitamos unos días para prepararlo.

Estamos a su disposición para más dudas o preguntas.

Atentamente, Fernanda Casares

1. Es posible viajar a Argentina con la cobertura básica / un seguro adicional .
2. El seguro internacional se contrata el día de la recogida del coche / días antes por e-mail .

5c Lesen Sie den vollständigen Reiseplan der Patagonien-Rundreise, den Santiago und seine Freunde vorbereitet haben, und kreuzen Sie die richtigen Aussagen an.

Día 1: Llegada en avión a Punta Arenas y recogida del coche en el aeropuerto.

Día 2: Salida de Punta Arenas y llegada a Puerto Natales en coche.

Día 3: Visita del Parque Nacional Torres del Paine y vuelta a Puerto Natales.

Día 4: Cruce de la frontera argentina y llegada a El Calafate por la mítica ruta 40.

Día 5: Visita del glaciar Perito Moreno y paseo en barco por el Parque Nacional Los Glaciares.

Día 6: Vuelta a Punta Arenas y devolución del coche en el aeropuerto.

Día 7: Salida de Punta Arenas en autobús con destino a Ushuaia (cruce del Estrecho de Magallanes en ferry).

Día 8: Visita de Ushuaia. Paseo en barco para ver los pingüinos.

Día 9: Vuelo a Buenos Aires.

1. Van a estar en Torres del Paine...
   a. ☐ un día.
   b. ☐ dos días.
   c. ☐ tres días.

2. Van a viajar de Punta Arenas a Ushuaia...
   a. ☐ en autobús.
   b. ☐ en ferry.
   c. ☐ en autobús y en ferry.

3. Van a ir de Ushuaia a Buenos Aires...
   a. ☐ en autobús.
   b. ☐ en avión.
   c. ☐ en coche.

4. En Patagonia van a visitar...
   a. ☐ un parque nacional.
   b. ☐ dos parques nacionales.
   c. ☐ tres parques nacionales.

I Mi vida

I1 La tía Lola sabe cocinar muy bien.

1a Anabel organisiert ein Familienfest. Lesen Sie ihre E-Mail und unterstreichen Sie die richtige Option.

¡Hola, José!

Tenemos que empezar a organizarnos para las bodas de oro de los abuelos. ¿Qué tal si les preparamos una sorpresa el mismo día del aniversario? ¿Y si alquilamos un local? Podemos hacer algo diferente, porque siempre celebramos todo en restaurantes...

Además, mi madre y la tía Lola saben cocinar muy bien y la tía Araceli sabe hacer unas tartas impresionantes. José, tú sabes tocar la guitarra y Marina sabe cantar muy bien. Y yo sé pintar, así que puedo preparar la decoración.

También tenemos que pensar en un regalo. ¿Qué tal un vale para una escapada de fin de semana? Es que ya les hemos regalado collares, relojes, marcos de fotos...

Tiene que ser un gran evento, con muchos invitados. Podemos invitar a toda la familia, a todos los amigos de los abuelos... ¿Y a quién más?

Un abrazo,
Anabel

1. Anabel quiere organizar una fiesta de aniversario de cumpleaños.
2. Anabel quiere hacer la fiesta en un restaurante un local alquilado.
3. Como regalo propone un collar y un reloj un pequeño viaje.
4. Anabel quiere invitar a mucha gente poca gente.

1b Lesen Sie die E-Mail noch einmal und schreiben Sie die Namen unter jedes Foto. Welches Familienmitglied hat die darauf abgebildeten Fähigkeiten?

A *la madre de Anabel y la tía Lola*

B ______

C ______

D ______

E ______

1c Lesen Sie Josés Antwort und unterstreichen Sie das richtige Verb.

¡Hola, Anabel!

¡Me encanta tu idea! He hablado con Marina y a ella también le gusta tu plan pero este mes está en Bolivia con la ONG y no puede venir a la celebración. Yo sí puedo preparar la música para el evento.

Ah, creo que no sabes que la tía Araceli se ha roto la mano, así que ella no puede hacer la tarta. Y sí, tu madre y la tía Lola son grandes cocineras pero las dos trabajan y no tienen tanto tiempo… ¿Y si contratamos un catering?

Besos,
José

1. La tía Araceli sabe puede hacer tartas pero no sabe puede hacer la tarta del aniversario.
2. Marina no sabe puede cantar en la fiesta pero sabe puede cantar bien.
3. La madre de Anabel y la tía Lola saben pueden cocinar muy bien pero no saben pueden cocinar para la fiesta.

Man verwendet das Verb *saber* bei erlernten Fähigkeiten:
Sé nadar. / María *sabe* italiano. / Pablo y Juan *saben* jugar al fútbol.

Man verwendet das Verb *poder*, um eine Möglichkeit auszudrücken:
No *puedo* nadar (me he roto un brazo). / Pablo y Juan *pueden* jugar hoy al fútbol (tienen tiempo).

1d Übernehmen Sie jetzt die Rolle von Julián, der seinem Sprachtandem von seinen Fähigkeiten erzählt, und fragen Sie ihn, was er kann. Schreiben Sie eine E-Mail mithilfe der Angaben.

Sprachen: Englisch, Französisch und ein bisschen Deutsch

Sport: tauchen und skifahren, aber gerade Probleme mit einem Fuß

Musik: Klavier spielen und Salsa tanzen

Kochen: sehr gut, aber momentan viel Arbeit, keine Zeit

¡Hola, Stephan!

Yo sé…

I2 He invitado a los primos de la abuela.

2a Lesen Sie den Chat zwischen Anabel und José, die mitten in den Vorbereitungen für das Familienfest stecken. Kreuzen Sie an, ob die Aussagen richtig oder falsch sind.

José, también he invitado a los primos de la abuela que viven en Cuenca.

Vale, yo ya he llamado a los compañeros del club de tenis donde jugó el abuelo.

¡Bien! Ah, he visto a la señora Marcela esta mañana. Va a venir con su marido.

Mmm... No conozco a la señora Marcela.

Es la vecina que ayudó a la abuela cuando llegó del pueblo.

¡Ah sí! Es la señora rubia que todavía visita a los abuelos a menudo.

¡Exacto! Oye, ¿y mi idea del viaje?

No sé, los abuelos ya no viajan tanto...

Es verdad...

¿Y si publicamos su biografía en el periódico local el día del aniversario?

¡Qué buena idea!

	richtig	falsch
1. Los primos de la abuela viven en Cuenca.	☐	☐
2. El abuelo jugó en un club de tenis.	☐	☐
3. José no conoce a la señora Marcela.	☐	☐
4. La señora Marcela ya no visita a los abuelos.	☐	☐
5. José cree que no es buena idea regalarles un viaje.	☐	☐

Es un pueblo. El abuelo nació en ese pueblo.
→ Es el pueblo **donde** nació el abuelo.

La señora Marcela es una vecina.
La señora Marcela visita a los abuelos.
→ La señora Marcela es una vecina **que** visita a los abuelos.

2b Marina schreibt Anabel eine E-Mail aus Bolivien. Lesen Sie sie und ergänzen Sie, wenn nötig, die Lücken mit der Präposition *a*.

Querida Anabel:

José me ha explicado que has organizado _____ una fiesta para los abuelos y, ¡que has invitado _____ 60 personas! Siento no poder ir... Es que todavía estoy en Bolivia con la ONG. Esto es una experiencia única. Ayudamos _____ los niños y _____ las personas mayores sobre todo. Además, he conocido _____ gente maravillosa y he visto _____ unos paisajes espectaculares.

Tengo ganas de visitar _____ el salar de Uyuni antes de volver a casa pero no sé si va a ser posible... ¡Quiero ver _____ fotos de la fiesta!

Besos, Marina

Das direkte Objekt bei Personen wird normalerweise von der Präposition *a* begleitet.
Espero el autobús. ↔ Espero *a* Marta.
Visitamos un museo. ↔ Visitamos *a* la abuela.

2c Übernehmen Sie die Rolle von Carlota, die die Geburtstagsparty für ihren Freund gemeinsam mit Jesús organisiert. Was Sie sagen sollen, wird auf Deutsch vorgegeben.

Carlota, ¿has invitado a más gente?

Ja. Kennst du Enrique? ______________________________

¿Enrique? No... ¿Quién es?

Er ist der Nachbar, der manchmal mit David Fußball spielt. ______________________________
____

Ah, sí. ¿Y quién más viene?

Ich habe auch Maite eingeladen. ______________________________

¿Maite? Me suena...

Sie ist die Sekretärin vom Büro, wo David jetzt arbeitet. ______________________________
____

I3 La abuela Aurora nació en 1940.

3a Lesen Sie den Beginn der „Biografie" von Oma Aurora, die ihr ihre Enkelkinder für die Lokalzeitung als Geschenk geschrieben haben. Kreuzen Sie dann die richtige Aussage an.

La abuela Aurora nació en 1940 en un pequeño pueblo de la provincia de Cuenca. Creció con sus padres en la casa familiar, donde también nacieron sus hermanos pequeños en los años siguientes.

A los 10 años empezó a trabajar en la panadería del pueblo. No estudió pero aprendió a leer y a escribir en casa de una maestra. Vivió en el pueblo hasta 1957, cuando decidió irse a Barcelona para buscar un trabajo mejor.

Dos meses después de llegar a Barcelona, Aurora encontró un trabajo como sirvienta en casa de una familia rica, donde se adaptó rápidamente. Pocos años después, el padre de esa familia enfermó y pasó tres meses en el hospital. Y la primera vez que Aurora visitó a su jefe en el hospital conoció a alguien que cambió su vida para siempre...

1. Aurora empezó a trabajar en la panadería...
   - a. ☐ en 1949.
   - b. ☐ en 1950.
   - c. ☐ en 1951.
2. A los 17 años...
   - a. ☐ se mudó a Barcelona.
   - b. ☐ aprendió a leer y a escribir.
   - c. ☐ estudió en Barcelona.
3. En Barcelona encontró trabajo...
   - a. ☐ en una escuela.
   - b. ☐ en una fábrica.
   - c. ☐ en casa de una familia.
4. En el hospital Aurora...
   - a. ☐ trabajó como enfermera.
   - b. ☐ pasó tres meses.
   - c. ☐ conoció a alguien importante.

(Yo) *Visito* a mis padres a menudo. (Präsens) /
(Él) *Visitó* a sus primos el verano pasado. (Indefinido)

(Yo) *Trabajo* en una biblioteca. (Präsens) /
(Ella) *Trabajó* en una biblioteca de 2015 a 2018. (Indefinido)

3b Lesen Sie den Beginn der „Biografie" von Opa Ricardo und ordnen Sie die Abschnitte in der richtigen Reihenfolge.

Abschnitt ____

Un mes después de llegar a la ciudad, Ricardo empezó a trabajar en la fábrica de coches más importante de España del momento: la SEAT. La producción de coches aumentó mucho en los 50 y el abuelo encontró trabajo fácilmente allí.

Abschnitt __1__

Ricardo nació en 1938 en un pequeño pueblo de la provincia de Jaén y allí vivió su infancia y su juventud con sus seis hermanos. Ya a los 9 años empezó a ayudar a su familia en los campos de olivos.

Abschnitt ____

En 1959 un pequeño accidente en la fábrica lo llevó al hospital, donde los médicos lo operaron de urgencias. En la habitación del hospital conoció a su futura mujer.

Abschnitt ____

A los 20 años, Ricardo decidió irse del pueblo y buscó un trabajo mejor pagado en Barcelona. Al principio alquiló una habitación en casa de unos parientes de su pueblo, que también vivieron y trabajaron en Barcelona durante un tiempo.

empe**zar** → empe**cé**, empezaste, empezó, empezamos, empezasteis, empezaron
bus**car** → bus**qu**é, buscaste, buscó, buscamos, buscasteis, buscaron

3c Übernehmen Sie jetzt die Rolle von Berta, die gerade ihre Biografie für die Seite „Über mich" auf ihrer Webseite vorbereitet. Schreiben Sie ihre Biografie in der ersten Person mithilfe der Angaben.

1984 – nacimiento en Toledo ____________________

2002 – empezar a estudiar Diseño Gráfico en Madrid ____________________

2007 – acabar los estudios y viajar a Santo Domingo ____________________

2008 – buscar trabajo en Madrid sin éxito ____________________

2009 – empezar a trabajar en una empresa de Bilbao ____________________

2011 – conocer a Aitor en Bilbao ____________________

I4 En 1989 Ricardo y Aurora fueron a Mallorca.

4a Lesen Sie die Fortsetzung der „Biografie“ von Aurora und Ricardo und ordnen Sie die Abschnitte dem richtigen Foto zu.

Abschnitt 1 – Foto ____

Aurora y Ricardo se casaron en 1960. De 1961 a 1967 nacieron sus tres hijos: Araceli, Lola y Francisco. En 1968 se fueron a vivir a Martorell. Allí compraron un piso más grande para los cinco miembros de la familia.

Abschnitt 2 – Foto ____

Este fue el primer coche que tuvieron: un SEAT 600, que fue el símbolo de toda una época. Ricardo lo compró en 1969 y con él viajaron a Cuenca y a Jaén muchas veces para visitar a sus familias.

Abschnitt 3 – Foto ____

En 1982 la familia creció: en uno de sus viajes a Jaén encontraron un pequeño gato abandonado en la carretera. Lo llevaron a casa y lo llamaron Misino. Los nietos no lo conocimos pero este gato fue la mascota de la casa durante 15 años.

Abschnitt 4 – Foto ____

En 1989 Ricardo y Aurora fueron a Mallorca de vacaciones. ¡Viajaron en avión por primera vez! Al principio Aurora tuvo mucho miedo pero al final les gustó la experiencia, así que en los años siguientes viajaron a muchos lugares en avión.

A B C D

4b Lesen Sie die Biografie noch einmal und ergänzen Sie die Tabelle. Was ist in diesen Jahren passiert?

Año	¿Qué pasó?
1960	Boda de Aurora y Ricardo / Ricardo y Aurora se casaron
1961 – 1967	
1968	
1969	
1989	

4c Lesen Sie die Fortsetzung der „Biografie“ und ergänzen Sie die Lücken mit den angegebenen Verben in der richtigen Form des *indefinido*.

tener (2x) • jubilarse • nacer • ir • ~~casarse~~ • llegar • ser

En 1989 su hija Araceli *se casó* con un abogado y dos años después ______________ el primer nieto. A principios de los 90, Aurora ______________ a Cuenca a menudo para cuidar a su madre enferma. En uno de esos viajes Aurora y Ricardo ______________ un pequeño accidente con el coche pero por suerte no ______________ grave.

A los 62 años Ricardo ______________. A partir de aquel momento ______________ más tiempo para jugar al tenis y para cuidar a sus nietos, ¡porque en los años siguientes ______________ cinco nietos más a la familia!

Ser und *ir* haben die gleichen Formen im *indefinido*. Durch den Kontext weiß man, welches Verb gemeint ist:
En 1989 los abuelos **fueron** *a Mallorca.* → ir (normalerweise mit einer Richtungsangabe)
Misino **fue** la mascota de la familia. → ser

4d Übernehmen Sie wieder die Rolle von Berta und schreiben Sie mithilfe der Angaben den zweiten Teil ihrer Biografie in der ersten Person.

2013 – boda con Aitor ______________
2015 – nacimiento de Amaya, la primera hija ______________
2016 – tener que cambiar de trabajo, año difícil ______________
2017 – irse a vivir con la familia a Madrid ______________
2018 – comprar un piso en Madrid ______________
2019 – nacimiento de Adrián, el segundo hijo ______________

Lösungen

A Primeros contactos

A1 Aprendo español para viajar.

1a 1 – K2 2 – N 3 – N 4 – K2
5 – K1 6 – N

1b Nombre: *Markus*
Apellido: *Schneider*
Nacionalidad: *alemán*
Lugar de residencia: *Hamburgo*
Lugar de nacimiento: *Berlín*
Motivos para aprender español:
☒ para viajar

1c **Mögliche Lösung**
¡Hola! Me llamo Lucia Spada y soy italiana, de Roma, pero vivo en Milán. Ahora aprendo español por interés. ¡Hasta luego!

A2 Hablo español y un poco de inglés.

2a **Nachricht 1**
¡Hola! ¿Qué tal? *Me llamo* Manuel y *soy* español, de Madrid, pero *vivo* en Valencia. *Hablo* inglés muy bien. Ahora *aprendo* francés porque mi novia *es* francesa y su familia no *habla* español. ¡Hasta pronto!
Manuel

Nachricht 2
¡Buenos días! *Soy* Raquel y *soy* de Sevilla. *Trabajo* en un hotel del centro de Valencia y *hablo* inglés bastante bien. Ahora *aprendo* alemán en un curso. Saludos,
Raquel

2b ¡Hola!
¿Qué tal? *Me llamo* Kerstin y soy *alemana*. Vivo *en* Berlín. Hablo inglés y alemán. Aprendo español para hablar con mis amigos peruano*s*. Y también porque mucha gente *habla* español. ¿Tú también aprende*s* alemán? Yo te puedo ayudar.
¡Hasta pronto!
Kerstin

2c *¡Hola! ¿Cómo te llamas?*
Me llamo José.
¿De dónde eres?
Soy de Zaragoza.
¿Dónde vives?
Vivo en Barcelona.
¿Qué lenguas hablas?
Hablo español y un poco de inglés.

2d **Mögliche Lösung**
¡Hola!
Me llamo Verena y soy austriaca, pero vivo en Alemania. Hablo muy bien inglés y bastante bien francés. Ahora aprendo español para trabajar en Latinoamérica. ¿Tú aprendes alemán? Yo te puedo ayudar.
Saludos,
Verena

A3 En mi tiempo libre practico deporte.

3a a – 2 b – 3 c – 1

3b Begrüßung: *¡Hola! / Hola, ¿qué tal? / ¡Hola a todos!*
Verabschiedung: *Saludos. / Hasta luego. / Hasta pronto.*

3c **Mögliche Lösung**
¡Hola! Soy / Me llamo Antonio y en mi tiempo libre escucho música y bailo / mis aficiones son escuchar música y bailar. Busco una compañera para hacer un curso de salsa. Saludos, Antonio

A4 Busco un tándem de alemán.

4a 1 – c 2 – b 3 – a 4 – a

4b **Mögliche Lösung**
¡Hola, Felipe!
Me llamo Fabian Egger y soy alemán, de Bremen, pero vivo en Düsseldorf. Hablo muy bien alemán (es mi lengua materna). También hablo bien inglés y un poco de español. (Ahora) aprendo español para viajar a México. En mi tiempo libre toco la guitarra, tomo fotografías y viajo.
Hasta pronto,
Fabian

B Mi gente

B1 Leticia tiene el pelo largo.

1a A – Leticia B – David
C – Sergio D – Hannah

1b 1 – falsch 2 – richtig
3 – falsch 4 – richtig

1c **Kontaktanzeige 1**
¡Hola! Me llamo Marcela. *Soy* alta, delgada y *tengo* el pelo largo. *Soy* morena y *tengo* los ojos oscuros. *Llevo / Tengo* gafas. *Soy* un poco tímida. ¡Hasta pronto!

Kontaktanzeige 2
¡Hola a todos! Me llamo Juan y *soy* bajito y gordito. *Tengo* el pelo corto y *soy* rubio. A veces *llevo / tengo* bigote. Dicen que *soy* muy alegre y amable. ¡Hasta luego!

1d **Mögliche Lösung**
Kontaktanzeige 1
¡Hola! Me llamo Pablo. Soy alto y gordito. Tengo el pelo corto y soy moreno. Tengo los ojos claros. Llevo / Tengo barba. ¡Hasta pronto!

Kontaktanzeige 2
¡Hola! Me llamo Alicia. Soy bajita y delgada. Tengo el pelo largo y soy rubia. Tengo los ojos oscuros. Llevo / Tengo gafas. ¡Hasta luego!

B2 Mariana es divertida y sociable.

2a alegre, divertida, sociable, interesante, serio, tímido, simpático, optimista, antipática, aburrida

2b 1 – alegre 2 – sociable
3 – simpático 4 – optimista
5 – aburrida

2c ¡Hola, Alberto!
¿Qué tal estás? Yo estoy muy bien en Bogotá. Es una ciudad muy bonita y tiene mucha vida. Vivo con dos chicas *jóvenes* y amable*s*. Ana es española y es muy alegr*e*. Mariana es colombiana y parece un poco especial pero en realidad es muy divertid*a*. Mis compañeros del proyecto también son muy simpático*s* y optimist*as*. ¡Me gusta mucho mi vida aquí!
Hasta pronto,
Sarah

2d **Foto 1**
Esta es María. Es alegre, simpática y divertida.

Foto 2
Estos son Jorge y Raúl. Son pesimistas, aburridos y antipáticos.

B3 Mi abuelo se llama Vicente.

3a
Miguel ⚭ *Trinidad*
Valeria ⚭ *Víctor* — *Julio*
Fernando *Camila* *Sofía* — *Laura* *Luis*

3b 1 – Se llama Valeria.
2 – Son Fernando, Camila, Sofía, Laura y Luis.
3 – Se llaman Laura y Luis.
4 – Se llama Víctor.
5 – Tiene tres sobrinos.

3c Querida Kristin:
Yo vivo con mi familia en Segovia. *Mi* hermana pequeña se llama Raquel. *Mis* padres se llaman Encarna y Toni y trabajan en el restaurante de *mi* abuelo Vicente. En el restaurante a veces ayuda *su* otra hija, es decir, *mi* tía Emilia. *Su* marido, Paco, es un poco antipático –*mi* abuela Aurora siempre dice que es un poco especial... *Mis* tíos tienen un hijo, *mi* primo Marcos. ¿Y tú? ¿Cómo es *tu* familia?
Un abrazo, Elena

3d **Mögliche Lösung**
Querida Elena:
Yo también vivo con mi familia. Mis padres se llaman Klaus y Doris y tengo un hermano que se llama Paul. Mis abuelos se llaman Gerhild y Reinhard. Mi madre tiene un hermano, mi tío Stefan. Su mujer se llama Iris y tienen un hijo, mi primo Tobias.
Hasta pronto, Kristin

B4 Jesús tiene 33 años y está soltero.

4a 1 – c 2 – b 3 – a 4 – b

4b **Mögliche Lösung**
Querida Sandra:
¿Te apetece venir a mi fiesta el sábado por la noche? Vienen mis amigos Verónica, Gustavo y Marina. Verónica tiene 48 años, está casada y tiene dos hijos. Es un poco tímida. Gustavo tiene 46 años, está divorciado y tiene una hija. Es muy simpático. Marina tiene 51 años, está soltera y es muy amable. ¡Te espero el sábado!
Un abrazo,
Iván

C Mi ciudad

C1 Granada es una ciudad muy bonita.

1a Absatz 1: *Una ciudad antigua y joven*
Absatz 2: *Cerca de la montaña y del mar*
Absatz 3: *Gran oferta gastronómica y cultural*

1b 1 – richtig 2 – falsch 3 – falsch
4 – richtig 5 – falsch 6 – richtig

1c ¡Hola, Sabine!
¿Qué tal *estás*? Yo *estoy* muy bien en Sevilla. ¡*Es* una ciudad muy bonita y con mucha vida! En el centro *hay* muchos bares y restaurantes y ahí *está* la catedral con la Giralda. ¡*Es* impresionante! Además, *hay* coches de caballos en todas partes. Hoy he visitado la Plaza España, que *está* en un parque muy grande. En la ciudad también *hay* un palacio árabe muy famoso, que voy a visitar mañana.
Besos desde Sevilla,
Álvaro

1d **Mögliche Lösung**
¡Hola, Álvaro!
¿Qué tal (estás)? Yo estoy muy bien en Hamburgo. Es una ciudad muy grande y moderna. Está en el norte de Alemania. Hay un puerto importante, muchos museos y teatros, bares y discotecas. El ayuntamiento está en el centro de la ciudad y es muy bonito.
Hasta pronto,
Sabine

C2 Enfrente de mi casa hay un gimnasio.

2a A, C, D, F, H, I

2b A – oficina de Correos
B – carril para bicicletas
C – farmacia
D – supermercado
E – hospital
F – gimnasio
G – parque
H – cajero automático
I – estación de metro

2c Hola, Rubén:
Estoy bien, gracias. A mí también me gusta much*o* mi nueva casa y el barrio es *muy* tranquilo y tradicional. No *está* en el centro y tiene mucho*s* servicios. Es una zona comercial y *hay* muchas tiendas. Además, la estación de metro no está *muy* lejos de mi casa. ¿Nos vemos el sábado?
Hasta pronto,
Christoph

2d **Mögliche Lösung**
¡Hola, Juan!
Mi barrio es muy tranquilo y seguro. Está muy cerca del centro de la ciudad. Hay una biblioteca, muchos bares, tres supermercados, una farmacia y un cajero automático.
Saludos,
Ricardo

C3 Puedes tomar el metro.

3a A – 3 B – 1 C – 4 D – 2

3b 1 – en coche 2 – dos líneas
3 – una línea 4 – Plaza Mayor
5 – no es una buena idea

3c **Mögliche Lösung**
¡Hola, Alejandra!
¡Sí, claro! ¡Nos vemos el sábado! Yo vivo cerca de la estación de metro Plaza España. Tienes que tomar la línea 1 de metro en Ramón y Cajal hasta la estación Colón. Ahí tienes que cambiar a la línea 2 de metro. Después tienes que bajar en Plaza España (son solo 3 paradas).
Hasta el sábado,
Jorge

C4 Tienes que girar a la derecha.

4a A

4b 1 – c 2 – d 3 – b 4 – a

4c ¡Ya estoy en tu barrio!
Bien. Ahora tienes que girar a la derecha.
¿Es la calle Goya?
Sí, exacto. Tienes que seguir todo recto hasta la gasolinera.
Mmm... No veo ninguna gasolinera.
Está al lado de una escuela muy grande.
Vale, ya la he visto.
Bien. Ahí giras a la izquierda.
¿En la calle Soria?
Sí. Esa es mi calle. Vivo enfrente de un bar.

D Comer y beber

D1 Carla necesita medio kilo de naranjas.

1a B, D, E, G

1b 1 – un kilo 2 – medio kilo 3 – tres litros 4 – un cuarto de kilo 5 – huevos

1c *Vicente ha comprado un kilo de patatas, medio kilo de manzanas, cuatro yogures y un litro de zumo de naranja.*

1d Un paquete de café, un litro (1L) de zumo de manzana, un kilo (1 kg) de pollo, dos litros (2L) de leche, medio kilo (½ kg) de tomates y tres latas de atún.

D2 A Laura no le gusta el pescado.

2a 1 – richtig 2 – falsch 3 – richtig 4 – falsch 5 – richtig 6 – richtig

2b Querida Laura:
Al final vamos a un restaurante. A Daniel *le* gusta la carne pero Silvia es vegetariana. A ti no *te* gusta el pescado y a Sergio y a Daniel no *les* gusta la verdura... A mí *me* gusta todo pero cocinar para todos es difícil. Así que vamos a un bar que a Daniel y a mí *nos* gusta mucho. ¿*Os* gusta la idea a ti y a Sergio? Besos, Sara

2c Carmen, ¿qué preparamos de primero? ¿Un gazpacho?
A mi padre no le gusta el pimiento.
¿Y una ensalada? Con tomate, queso, aceitunas...
A mi madre no le gustan nada las aceitunas.
Pues sin aceitunas. ¿Y de segundo? ¿Carne o pescado?
(Yo) prefiero carne. A mis padres no les gusta mucho el pescado.
Vale. ¿Pollo o cerdo?
¿Te gustan las chuletas de cordero?
Sí.
Entonces de segundo (plato) chuletas de cordero con patatas.

D3 En España se comen tapas.

3a 1 – c 2 – b 3 – a 4 – c

3b A – calamares B – chorizo C – aceitunas D – patatas bravas

3c **Mögliche Lösung**
La paella es un plato español que lleva arroz, marisco o carne. Es típica de Valencia pero se come en todo el país, sobre todo en el este de España. Tradicionalmente se come los sábados o los domingos como almuerzo / a mediodía y nunca como cena / por la noche.

D4 Me encanta el servicio del restaurante.

4a 1 – La ensalada verde y el gazpacho.
2 – Los calamares a la plancha con ensalada.
3 – La sopa de pollo.
4 – El pollo al ajillo con patatas fritas.

4b 1 – d 2 – c 3 – b 4 – a

4c **Mögliche Lösung**
La comida está buena y el servicio es bueno y rápido. Además, los camareros son simpáticos / amables. Las raciones son grandes pero es un poco caro.

D5 Pelamos y cortamos las patatas.

5a **Paso** *1*
Pelamos las patatas y las cebollas, y las cortamos en trozos pequeños.

Paso *4*
Echamos la mezcla del bol a la sartén y la cocinamos a fuego medio. Freímos la tortilla por un lado y después le damos la vuelta con un plato. Así se cocina por los dos lados.

Paso *3*
Batimos los huevos en un bol y echamos las cebollas y las patatas ya fritas. Lo mezclamos todo en el bol. Añadimos la sal al gusto.

Paso *5*
Por último, servimos la tortilla en un plato. ¡Buen provecho!

Paso *2*
Calentamos el aceite en una sartén y freímos las patatas y la cebolla a fuego lento durante media hora. Remover de vez en cuando con una cuchara de madera.

5b Pelar, cortar, echar, cocinar, freír, dar la vuelta, batir, mezclar, añadir, servir, calentar, remover

5c Primero, hervimos los tomates durante un minuto y después los pelamos. *Pelamos* el pepino y la cebolla y los *cortamos* junto con el pimiento en trozos pequeños. Después, *echamos* las verduras cortadas a una olla grande y *añadimos* los dos litros de agua, la sal, el aceite y el vinagre. Luego, ponemos el pan y el diente de ajo en la olla. *Mezclamos* todo y lo *trituramos* con una batidora. Por último, ponemos el gazpacho en la nevera y lo *servimos* frío después de unas tres horas.

5d **Mögliche Lösung**
¡Hola, Sebastian! Claro que conozco la receta de la sangría. Necesitas un litro de vino tinto, 750 ml de limonada, un limón, fruta y azúcar. Primero, echamos el vino, la limonada y el azúcar a una olla y removemos. Después / Luego pelamos y cortamos la fruta. Después / Luego cortamos el limón en rodajas y mezclamos todo en una olla. Por último, ponemos la sangría en la nevera y la servimos fría.
Saludos, Alberto

E Mi día a día

E1 Soy informático y trabajo en una empresa.

1a A – Maribel B – Rafael
C – Yolanda D – Eugenio

1b 1 – b 2 – d 3 – a 4 – c

1c 1 – Es taxista.
2 – Se llama “Construdesign”.
3 – Es informático. Trabaja en una empresa de informática.
4 – Se llama Rosa Suárez Saredo.
5 – No, no tiene correo electrónico.
6 – Es www.construdesign.es.

1d **Mögliche Lösung**
¡Hola a todos! Me llamo Juan Delgado Ruiz y soy veterinario. Trabajo en la clínica veterinaria “Mascospital”.

E2 Por la mañana me despierto muy temprano.

2a **Abschnitt** *4*
Luego, por la tarde, leo un libro, navego por Internet y salgo a pasear (los martes son diferentes porque tengo clase de alemán).

Abschnitt *1*
¡Hola, Andrea!
¿Qué tal estás? Te escribo temprano pero es que yo siempre me despierto a las seis. Me levanto, me ducho, me visto y voy a comprar el pan a la panadería.

Abschnitt *5*
Más tarde, vuelvo a casa y ceno con mi mujer. Después de cenar vemos un poco la tele y nos acostamos pronto. Y tú, ¿qué haces un día normal?
Saludos, Manuel

Abschnitt *2*
Sobre las siete y media desayuno con mi mujer y a las ocho voy a llevar a mis nietos a la escuela. Después hago la compra en el súper, leo el periódico...

Abschnitt *3*
Al mediodía, almuerzo en casa con mi mujer y mi hijo, que trabaja en un bar cerca de mi casa y en la pausa del mediodía viene a comer con nosotros.

2b 1 – b 2 – a 3 – c 4 – b

2c Querido Manuel:
Mi día también *empieza* muy temprano. Me *despierto* a las cinco y me levanto (mi marido y mi hija *duermen* hasta las siete). Después *del desayuno / de desayunar* voy a trabajar al hospital. Por la mañana trabajo y al mediodía mis compañeros y yo *almorzamos* en la pausa. Por la tarde trabajo hasta las tres. Después voy a buscar a mi hija y volvemos juntas a casa (mi marido *vuelve* más tarde). Por la noche ceno con mi familia y me *acuesto* temprano. ¡Así es mi vida durante la semana!
Saludos, Andrea

2d **Mögliche Lösung**
¡Hola a todos! Me llamo Paco y trabajo en un banco. Por la mañana me levanto (a las seis y cuarto), salgo de casa y empiezo a trabajar. Después, por la tarde tomo / como algo en un bar (con mis colegas), hago deporte / voy al gimnasio y vuelvo a casa. Luego, por la noche me ducho, veo la tele y me acuesto.

E3 Los lunes tengo clase de yoga a las seis.

3a C

3b 1 – richtig 2 – richtig
3 – falsch 4 – falsch

3c

LUN	MAR	MIE	JUE	VIE	SÁB	DOM
08:00 – 17:00 oficina	*08:00 – 17:00 oficina*	*08:00 – 17:00 oficina*	*08:00 – 17:00 oficina*	*08:00 – 17:00 oficina*		*cumple-años de mamá*
18:00 yoga		*18:00 yoga*	*17:30 dentista*	*compras con Alba*		

3d **Mögliche Lösung**
¡Hola, Marta! Lo siento, pero el sábado no puedo. ¿Tienes tiempo en dos semanas? Los lunes por la mañana (normalmente) hago la compra y a las cinco de la tarde tengo clase de zumba. De martes a viernes trabajo en la tienda de dos a ocho y media y los sábados trabajo de diez a tres. ¿Tienes tiempo el sábado por la tarde o el domingo?
Besos,
Claudia

E4 Todos los días salgo a correr.

4a Anzeige 1 – Foto B Anzeige 2 – Foto C
Anzeige 3 – Foto A Anzeige 4 – Foto D

4b 1 – a la semana 2 – siempre
3 – poco 4 – a veces

L

4c ¡Hola, Thomas!
¿Qué tal estás? Este fin de semana estoy en casa de mis padres. Tienen una casa con piscina en la montaña con un jardín muy bonito. A mi madre le gusta *trabajar* en el jardín y por eso hay muchas flores y plantas. Aquí tengo tiempo para *leer* novelas y *nadar* en la piscina. También me gusta salir a *correr*, *pasear* con mi perro por la montaña... ¡Hay mucha tranquilidad! Este fin de semana también están mi hermana y mi cuñado y quizás mañana hacemos *senderismo* porque a todos nos gusta caminar en la montaña. A mi hermana también le gusta *hacer* gimnasia en el jardín y a mi cuñado le gusta *tocar* la guitarra. Y a ti, ¿qué te gusta hacer?
Saludos,
Gema

4d **Mögliche Lösung**
Querida Gema:
A mí me gusta jugar al tenis; (normalmente) juego al tenis una vez a la semana. Todos los días veo la tele y a menudo cocino los fines de semana. Casi nunca voy de compras / No voy de compras casi nunca (porque no me gusta).
Saludos,
Thomas

E5 La siesta: ¿Mito o realidad?

5a 1 – Eva 2 – Ana 3 – Simón 4 – Pablo

5b Absatz 1: *¿Qué es la siesta?*
Absatz 2: *El ritmo de vida en las grandes ciudades*
Absatz 3: *La siesta como solución contra el calor*

F Mi casa

F1 Mi casa tiene un jardín enorme.

1a Anzeige 1 – Titel C Anzeige 2 – Titel A
Anzeige 3 – Titel D Anzeige 4 – Titel B
Titel *E* bleibt übrig.

1b Partes de la casa: *balcón*, *dormitorio*, *salón-comedor*, *cocina*, *baño*, *jardín*, *comedor*, *salón*, *lavabo*.

1c Anzeige 1 – Unterkunft 2
Anzeige 2 – Unterkunft 1
Anzeige 3 – Unterkunft 4
Anzeige 4 – Unterkunft 3

1d **Mögliche Lösung**
¡Hola! Mi casa tiene unos 85 m^2 (metros cuadrados) y es luminosa y tranquila. Está (situada) a 10 km del centro pero está bien comunicada. Tiene un balón, un salón, dos dormitorios, una cocina y un baño. Hay ascensor. / El edificio tiene ascensor.

F2 En la habitación hay una cama y un armario.

2a A, D, E, H

2b Lorena, ¿puedo usar tu cafetera?

Sí, claro que *la* puedes usar. Oye, ¿el aire acondicionado ya funciona?

Sí. El técnico ya *lo* ha reparado. Ah, y si quieres puedo comprar una lámpara para el salón.

Vale, *la* pagamos entre las dos. Por cierto, ¿has regado las plantas?

Sí. Tranquila, *las* voy a cuidar. 😊

¡Gracias! Oye, ¿te puedo pedir un último favor? ¿Puedes devolver a la biblioteca los libros que están encima de mi mesa?

Sí, claro que *los* puedo devolver. Otra cosa, ¿dónde está la lavadora? Es que no *la* encuentro.

Es que no tenemos lavadora. 😓 Tienes que ir a la lavandería de la esquina...

2c **Mögliche Lösung**

¡Hola, Raúl!
Te explico un poco cómo es el piso. Hay / Tiene un salón con un sofá, un sillón, un televisor y una mesa con cinco sillas.
Tu dormitorio tiene / En tu dormitorio hay una cama, un armario, una estantería y un espejo. En la cocina hay / La cocina tiene una nevera, un horno y un microondas. Hay un baño completo con bañera y lavadora.
Hasta pronto, Martín

F3 Esta lámpara es la más cara.

3a 1 – richtig 2 – falsch 3 – richtig 4 – falsch 5 – richtig

3b *Ibiza* Größe: *120 cm* Preis: *38,95 €* / *Llumia* Größe: *110 cm* Preis: *38,95 €* / *Luxor* Größe: *145 cm* Preis: *105 €*

3c **Mögliche Lösung**

¡Hola, Patricia!
Te envío el link de otras lámparas que he visto en Internet. ¿Qué lámpara te gusta más? La lámpara *Maika* es la más pequeña y la más barata de las tres. La *Apolo* es tan grande como la *Sinor*. En realidad la *Apolo* y la *Sinor* son (solo un poco) más grandes que la *Maika*. En cuanto a precio, la lámpara *Apolo* es la más cara de las tres. La *Sinor* es más cara que la *Maika* y más barata que la *Apolo*.
Saludos, Lorena

F4 En el primero vive una señora muy amable.

4a 1 – a 2 – b 3 – c 4 – a

4b 1 – c 2 – d 3 – a 4 – b

4c Raúl, hay un músico en el edificio, ¿no?
Sí, en el cuarto (4º) piso vive una pianista.
¿Y quién más vive en el edificio?
En el segundo (2º) piso vive una pareja mayor. Son muy simpáticos.
Y hay unos chicos jóvenes, ¿no?
Sí, en el tercer (3ʳ) piso viven dos hermanos.

G De fin de semana

G1 Queremos hacer una escapada.

1a María – Ausflug 2 Rebeca – Ausflug 3 Juanjo – Ausflug 1

1b 2, 3, 5

1c **Mögliche Lösung**

Buenos días:
Quiero ir a Mérida con mi novio este fin de semana y necesito más información.
¿A qué hora son las visitas guiadas en el teatro romano? ¿Cuánto duran? También quiero reservar dos entradas para el festival de teatro. ¿Cuánto cuestan? Y, por último, ¿qué más se puede hacer en Mérida en un fin de semana?
Muchas gracias de antemano.
Atentamente,
Rebeca

G2 Me llevo el vestido blanco.

2a en la playa

2b B, C, E, H

2c ¡Hola, Susana!
¿Qué tal? ¿Estás preparada para el fin de semana? La verdad es que yo no sé qué llevarme. Creo que para el viaje me llevo los vaqueros *azules* y la blusa *rosa* de algodón que me habéis regalado por mi cumpleaños, que es muy cómoda. Para la playa, ¿me llevo el vestido *verde*? ¿O es demasiado elegante? Mejor me llevo la falda *naranja* con la camiseta *blanca*, que es más informal y juvenil. También me llevo el pañuelo *amarillo* de seda y los zapatos *negros* de tacón para salir por la noche. ¿Me llevo la chaqueta *marrón* de cuero? Quizás hace frío por la noche...
Besos,
Celia

2d traje gris / camisa blanca / corbata a rayas / abrigo negro / vaqueros azules / cepillo de dientes / jersey verde / zapatos marrones

G3 ¿Quedamos el sábado?

3a 1 – falsch 2 – richtig 3 – richtig
4 – falsch 5 – richtig

3b SMS 1 – Absage SMS 2 – Vorschlag
SMS 3 – Zusage

3c **Mögliche Lösung**
Iván, ¿por qué no vamos a ver el partido de fútbol del domingo?
El domingo no puedo, lo siento. Es que tengo que estudiar.
¿Y si quedamos el sábado?
El sábado voy a hacer una excursión con mi hermana pero podemos quedar por la noche.
¡Genial!
¿Cómo quedamos?
¿En la plaza del Ayuntamiento a las 21?
Perfecto. Quedamos así entonces.

G4 Hoy hace viento en Quito.

4a 1 – b 2 – a 3 – a 4 – c 5 – b

4b 1 – d 2 – a 3 – e 4 – b 5 – c 6 – f

4c **Mögliche Lösung**
¡Hola, Joaquín! Sí, buena idea. Vamos (mejor) por la tarde –por la mañana está / va a estar nublado y al mediodía hay / va a haber tormenta pero por la tarde hace / va a hacer sol y calor. ¿Cómo quedamos?
Un abrazo, Vicente

H De viaje

H1 En febrero quiero viajar a Cuba.

1a Anzeige 1 – D Anzeige 2 – A
Anzeige 3 – B
C bleibt übrig.

1b Julio – 2 Cristian – 3 Isabel – 1

1c 1 – falsch 2 – richtig 3 – falsch
4 – falsch 5 – richtig

1d **Mögliche Lösung**
¡Hola a todos!
Me llamo Montse, soy de Tarragona y me encanta visitar grandes ciudades y paisajes exóticos con mi pareja. Me / Nos gusta viajar sobre todo en primavera.
Normalmente viajamos en avión y coche de alquiler y nos alojamos en hoteles o pensiones. / Nos gusta viajar en avión y coche de alquiler y alojarnos en hoteles o pensiones.

H2 Queremos reservar una habitación doble.

2a A – desayuno
B – guardería
C – televisión
D – calefacción
E – piscina
F – ascensor
G – aparcamiento
H – aire acondicionado

2b 1 – En la *Posada del Ángel*
2 – En la *Posada del Ángel*
3 – En el *Parador de Turismo de Riaño*
4 – En el *Parador de Turismo de Riaño*
5 – En el *Parador de Turismo de Riaño*

2c 1 – dos personas 2 – dos noches
3 – de la lavandería 4 – con tarjeta de crédito

2d **Mögliche Lösung**
Buenos días:
Quiero reservar una habitación doble con media pensión del 17 al 19 de septiembre (en su hotel). ¿Tienen disponibilidad?
Tengo otras preguntas. ¿El aparcamiento está incluido en el precio de la habitación?
¿Cuánto cuesta el servicio de spa?
Muchas gracias de antemano.
Atentamente,
Pedro García

H3 He hecho más de mil fotografías.

3a A, B, D, E, F, H

3b hacer → hecho, ver → visto, volver → vuelto, decir → dicho, escribir → escrito

3c Lunes 6 de mayo

Querido diario :
Sé que esta semana yo *he escrito* poco pero estos últimos días Cristian y yo *hemos caminado* muchos kilómetros y estamos muy cansados.
Esta mañana nosotros *hemos salido* del albergue a eso de las 8 y *hemos llegado* a O Cebreiro al mediodía. *Hemos comido* en un bar y ahí unos vecinos del pueblo nos *han dicho* que este es uno de los pueblos más bonitos de todo el Camino de Santiago. Así que Cristian y yo *hemos decidido* dormir hoy aquí y continuar mañana. ¡*He hecho* unas fotos increíbles con mi cámara!
Hasta ahora nosotros *hemos conocido* a gente muy interesante y *hemos visto* pueblos muy bonitos y paisajes impresionantes. ¡El Camino de Santiago es una experiencia única!

3d **Mögliche Lösung**

Querido diario:
Esta semana estoy de vacaciones en Tenerife y he hecho muchas cosas. Ya he subido al Teide pero todavía no he visitado el Loro Parque. También he viajado en barco y he hecho esnórquel con tortugas y he visto delfines. Todavía no he alquilado bicicletas para hacer una excursión pero ya he probado el queso canario. Todavía no he bebido el licor típico de plátano (pero lo quiero probar).

H4 El servicio del hotel ha sido muy amable.

4a **Valoraciones positivas** 🙂: *la isla les ha gustado mucho, han visitado pueblos muy bonitos, han estado en playas increíbles, ha hecho buen tiempo, el hotel les ha gustado mucho, el personal del hotel les ha encantado.*

Valoraciones negativas 😫: *el viaje de vuelta ha sido horroroso (han llegado con retraso y les han perdido las maletas), a veces ha hecho demasiado calor, el hotel está un poco lejos de la playa.*

4b 1 – 🙂 3 – 😫 2 – 😫 4 – 🙂

4c **Mögliche Lösung**

El hotel está un poco lejos de la playa y es caro pero las habitaciones están limpias. La conexión a Internet es rápida / El wifi es rápido y el desayuno es bueno. Además, el personal del hotel es muy amable. ¡Ha sido una estancia fantástica!

H5 Tenemos preguntas sobre el seguro del coche.

5a

español	alemán
recogida	Abholung
devolución	Rückgabe
código de reserva	Buchungscode
seguro	Versicherung
cobertura básica	Grundversicherungsschutz

5b 1 – un seguro adicional
2 – días antes por e-mail

5c 1 – a 2 – c 3 – b 4 – b

I Mi vida

I1 La tía Lola sabe cocinar muy bien.

1a 1 – de aniversario
2 – un local alquilado
3 – un pequeño viaje
4 – mucha gente

1b A – la madre de Anabel y la tía Lola
B – la tía Araceli
C – José
D – Marina
E – Anabel

1c 1 – sabe / puede
2 – puede / sabe
3 – saben / pueden

1d **Mögliche Lösung**
¡Hola, Stephan!
Yo sé (hablar) inglés, francés y un poco de alemán. También sé bucear y esquiar pero ahora no puedo porque tengo problemas en un pie. Sé tocar el piano y bailar salsa. Además, sé cocinar muy bien pero actualmente no puedo porque tengo mucho trabajo y no tengo tiempo. Y tú, ¿qué sabes hacer?
Saludos,
Julián

I2 He invitado a los primos de la abuela.

2a 1 – richtig 2 – richtig 3 – falsch
4 – falsch 5 – richtig

2b Querida Anabel:
José me ha explicado que has organizado – una fiesta para los abuelos y, ¡que has invitado *a* 60 personas! Siento no poder ir... Es que todavía estoy en Bolivia con la ONG. Esto es una experiencia única. Ayudamos *a* los niños y *a* las personas mayores sobre todo. Además, he conocido *a* gente maravillosa y he visto – unos paisajes espectaculares.
Tengo ganas de visitar – el salar de Uyuni antes de volver a casa pero no sé si va a ser posible... ¡Quiero ver – fotos de la fiesta!
Besos,
Marina

2c Carlota, ¿has invitado a más gente?
Sí. ¿Conoces a Enrique?
¿Enrique? No... ¿Quién es?
Es el vecino que a veces juega al fútbol con David.
Ah, sí. ¿Y quién más viene?
También he invitado a Maite.
¿Maite? Me suena...
Es la secretaria de la oficina donde trabaja David ahora.

I3 La abuela Aurora nació en 1940.

3a 1 – b 2 – a 3 – c 4 – c

3b **Abschnitt** *3*
Un mes después de llegar a la ciudad, Ricardo empezó a trabajar en la fábrica de coches más importante de España del momento: la SEAT. La producción de coches aumentó mucho en los 50 y el abuelo encontró trabajo fácilmente allí.

Abschnitt *1*
Ricardo nació en 1938 en un pequeño pueblo de la provincia de Jaén y allí vivió su infancia y su juventud con sus seis hermanos. Ya a los 9 años empezó a ayudar a su familia en los campos de olivos.

Abschnitt *4*
En 1959 un pequeño accidente en la fábrica lo llevó al hospital, donde los médicos lo operaron de urgencias. En la habitación del hospital conoció a su futura mujer.

Abschnitt *2*
A los 20 años, Ricardo decidió irse del pueblo y buscó un trabajo mejor pagado en Barcelona. Al principio alquiló una habitación en casa de unos parientes de su pueblo, que también vivieron y trabajaron en Barcelona durante un tiempo.

3c **Mögliche Lösung**

En 1984 nací en Toledo y en 2002 empecé a estudiar Diseño Gráfico en Madrid. En 2007 / 5 años después acabé los estudios y viajé a Santo Domingo. En 2008 / Un año después busqué trabajo en Madrid sin éxito, así que en 2009 / un año después empecé a trabajar en una empresa de Bilbao, donde en 2011 / dos años después conocí a Aitor.

14 En 1989 Ricardo y Aurora fueron a Mallorca.

4a Abschnitt 1 – Foto D
Abschnitt 2 – Foto B
Abschnitt 3 – Foto A
Abschnitt 4 – Foto C

4b

Año	¿Qué pasó?
1960	*Boda de Aurora y Ricardo / Ricardo y Aurora se casaron*
1961 – 1967	*Nacimiento de sus tres hijos / Nacieron sus tres hijos*
1968	*Se fueron a vivir a Martorell*
1969	*Compraron su primer coche (un SEAT 600)*
1989	*Fueron a Mallorca / Viajaron en avión por primera vez*

4c En 1989 su hija Araceli *se casó* con un abogado y dos años después *nació* el primer nieto. A principios de los 90, Aurora *fue* a Cuenca a menudo para cuidar a su madre enferma. En uno de esos viajes Aurora y Ricardo *tuvieron* un pequeño accidente con el coche pero por suerte no *fue* grave.
A los 62 años Ricardo *se jubiló*. A partir de aquel momento *tuvo* más tiempo para jugar al tenis y para cuidar a sus nietos, ¡porque en los años siguientes *llegaron* cinco nietos más a la familia!

4d **Mögliche Lösung**

En 2013 me casé con Aitor / En 2013 Aitor y yo nos casamos. En 2015 / Dos años después nació Amaya, nuestra primera hija. En 2016 / Un año después tuve que cambiar de trabajo; fue un año difícil. En 2017 / Un año después me fui a vivir con mi familia a Madrid, donde compré / compramos un piso en 2018 / un año después. En 2019 / Un año después nació Adrián, nuestro segundo hijo.

Quellenverzeichnis

Cover, Rücktitel: © nazarovsergey – stock.adobe.com

Fotos Innenteil:

S. 7: © Getty Images/iStock/Alex
S. 8: Mann © Getty Images/E+/Nomad; Frau © Getty Images/iStock/MishaBeliy
S. 9: Mann © Getty Images/iStock/ajr_images; Frau © Getty Images/iStock/izusek
S. 11: 2a © Getty Images/E+/Juanmonino; 2b © Getty Images/E+/pixelfit; 2c © Getty Images/E+/bojanstory; 3c © Getty Images/E+/xavierarnau
S. 12: © Getty Images/iStock/tifonimages
S. 14: A © Getty Images/iStock/JBryson; B © Thinkstock/iStock/ajr_images; C © Thinkstock/iStock/SanneBerg; D © Getty Images/iStock/vasakna
S. 15: Frau © Getty/iStock/Minerva Studio; Mann © alfa27 – stock.adobe.com
S. 16: © Getty Images/iStock/oscarhdez
S. 17: 2c © Getty Images/iStock/AnaMuraca; Foto 1 © Getty Images/E+/Steve Debenport; Foto 2 © Getty Images/iStock/lorenzoantonucci
S. 18: © Getty Images/iStock/DC_Colombia
S. 20: © Getty Images/E+/svetikd
S. 21: links © iStock/digitalskillet; mittig © Getty Images/BananaStock; rechts: Florian Bachmeier, Schliersee; unten © Thinkstock/iStock/bowie15
S. 22: © iStockphoto/WillSelarep
S. 23: oben © Thinkstock/iStockphoto; unten © Thinkstock/iStock/Noppasin Wongchum
S. 24: A © Getty Images/iStock/Mercedes Rancaño Otero; B © Getty Images/iStock/Lux Blue; C © Thinkstock/iStockphoto; D © Alexey Fedorenko – stock.adobe.com; E © javitouh – stock.adobe.com; F © DenisProduction.com – stock.adobe.com; G © Thinkstock/iStock/Tupungato; H © Getty Images/iStock/Alessandro Biascioli; I © Getty Images/iStock Editorial/Lord_Kuernyus
S. 25: © Thinkstock/iStock/Lord_Kuernyus
S. 26: A © Getty Images/iStock/stevegeer; B © Getty Images/iStock/Marcus Lindstrom; C © ArTo – stock.adobe.com; D © joyt – stock.adobe.com
S. 27: © iStock/kike
S. 29: © PantherMedia/Siempreverde
S. 30: A © Getty Images/iStock/Szemeno; B © fotolia/seen; C © fotolia/Adam Radosavljevic; D © Thinkstock/iStock/iSailorr; E © fotolia/Angel Simon; F © iStock/duncan1890; G © iStock/adventtr; H © Thinkstock/iStockphoto/Alena Dvorakova
S. 31: 1 © iStock/eskamilho; 1L © fotolia/GuS; 1Kg © Thinkstock/iStock/munderloh; 2L © PantherMedia/Maliketh; ½kg © fotolia/felinda; 3 Dosen © iStock/adventtr
S. 32: © Grafvision – stock.adobe.com
S. 33: © Getty Images/iStock/gbh007
S. 34: © Claus Breitfeld, Madrid
S. 35: A © Thinkstock/iStock/cynoclub; B © Getty Images/iStock/photohomepage; C © Thinkstock/iStock/marilyn barbone; D © Getty Images/iStock/etorres69; unten © Getty Images/E+/Floortje
S. 36: © Thinkstock/iStock/JackF
S. 37: © Getty Images/E+/apomares
S. 38: © Thinkstock/iStock/Ramonespelt
S. 39: © Thinkstock/iStock/encrier
S. 40: A © Thinkstock/Digital Vision/Michael Blann; B © Thinkstock/Stockbyte; C © Thinkstock/iStock/monkeybusinessimages; D © istock/naphtalina
S. 41: © Getty Images/DigitalVision Vectors/medesulda
S. 42: © Getty Images/iStock/doble-d
S. 43: 1. Reihe: links © Thinkstock/Wavebreak Media; mittig © Getty Images/E+/South_agency; oben rechts © Thinkstock/iStock/IPGGutenbergUKLtd; 2. Reihe: links © Getty Images/iStock/JackF; mittig © Thinkstock/Creatas; rechts © Getty Images/Photodisc/Ryan McVay; 3. Reihe: links © alfa27 – stock.adobe.com; mittig © Getty Images/iStock/agrobacter; rechts © Getty Images/iStock/Marjan_Apostolovic
S. 44: © Thinkstock/iStock/macrovector
S. 46: A © iStock/AdamGregor; B © iStockphoto/Dmitriy Shironosov; C © Getty Images/E+/JohnnyGreig; D © Getty Images/iStock/demaerre
S. 47: A © Getty Images/iStock/g-stockstudio; B © Thinkstock/Monkey Business Images; C © Getty Images/iStock/BartekSzewczyk; D © Getty Images/E+/LeoPatrizi
S. 48: 1 © Getty Images/iStock/IPGGutenbergUKLtd; 2 © iStock/ByeByeTokyo; 3 © Getty Images/iStock/Andrey Popov; 4 © Thinkstock/iStock/MIQUEL_LLONCH
S. 49: © Thinkstock/iStock/Art-Of-Photo
S. 50: 1 © Getty Images/iStock/Artur Bogacki; 2 © Thinkstock/iStockphoto; 3 © Getty Images/iStock/PaulVinten; 4 © fotolia/Gunnar Nienhaus
S. 52: A © Thinkstock/iStock/Andriy Bandurenko; B © iStock/EdnaM; C © iStockphoto/bluestocking; D © Thinkstock/iStock/Al Parrish; E © Thinkstock/iStock/John_Kasawa; F © Thinkstock/iStock/james steidl; G © Thinkstock/iStockphoto; H © Thinkstock/iStock/ppart
S. 53: © Getty Images/iStock/pixelliebe
S. 54: © Getty Images/iStock/JackF
S. 55: Lampen: links © iStock/domin_domin; mittig © Thinkstock/Hemera/Margo Harrison; rechts © iStock/Baloncici; Foto unten © Getty Images/E+/xavierarnau
S. 56: © freeograph – stock.adobe.com
S. 58: 1 © Getty Images/iStock/HanaHa, 2 © Getty Images/iStock/i_compass; 3 © © Yuliia – stock.adobe.com
S. 60: A © iStock/largeformat4x5; B © Getty Images/iStock/Tarzhanova; C © Thinkstock/iStock/geargodz; D © Thinkstock/iStock/Anne-Louise Quarfoth; E © Thinkstock/iStock/adisa; F © adisa – stock.adobe.com; G und H © stockphoto-graf – stock.adobe.com
S. 61: Anzug © iStock/Paolo_Toffanin; Hemd © Simone – stock.adobe.com; Krawatte © Thinkstock/Zoonar/homydesign; Mantel © Getty Images/iStock/bonetta; Jeans © Thinkstock/iStock/Digital Paws Inc.; Zahnbürste © Thinkstock/iStock/Chimpinski; Schuhe © Thinkstock/iStock/RG-vc
S. 62: © Getty Images/iStock/pixelliebe
S. 63: © Getty Images/davidf
S. 64: © Thinkstock/iStock/iamStudio
S. 65: © Thinkstock/iStock/iamStudio
S. 66: © Getty Images/iStock/urf
S. 67: © Getty Images/E+/Petar Chernaev
S. 69: © Freesurf – stock.adobe.com
S. 70: © Getty Images/iStock/JoseIgnacioSoto
S. 71: © Getty Images/iStock/Photitos2016
S. 72: © Getty Images/iStock/pixelliebe
S. 73: © Getty Images/iStock/pixelliebe
S. 74: © ivanko80 – stock.adobe.com
S. 75: © Getty Images/iStock/bluejayphoto
S. 76: A © Thinkstock/Fuse; B © Thinkstock/iStock/Vysochynska; C © iStock/JordiDelgado; D © fotolia/Amir Kaljikovic; E © Thinkstock/iStock/VikZa
S. 78: © Thinkstock/Digital Vision/Nick White
S. 80: © iStock/HultonArchive
S. 81: © Getty Images/Retrofile RF/George Marks
S. 82: A © fotolia/jeancliclac; B © Thinkstock/iStock/Algefoto; C © Getty Images/iStock/icholakov; D © Getty Images/E+/Petek ARICI
S. 83: © Getty Images/iStock/monkeybusinessimages

Bildredaktion: Sophie Bischoff, Hueber Verlag, München